D0729795

La fourmi et l'éléphant

Le leadership pour soi

Une parabole et un plan d'action en cinq étapes pour améliorer le niveau de performance au travail.

Vince Poscente

La fourmi et l'éléphant
Édition originale publiée en anglais par *Be Invinceable Group*
sous le titre : *The Ant and the Elephant.*
© Vince Poscente 2004
Tous droits réservés.

© Édition française, 2005 Éditions GoTopShape.
Tous droits réservés. La reproduction d'un extrait quelconque de
ce livre, par quel que procédé que ce soit, tant électronique que
mécanique, en particulier par photocopie et par microfilm, est
interdite sans l'autorisation écrite de l'éditeur.

Éditions GoTopShape
215, rue Caron, Québec (Québec) G1K 5V6
Téléphone : (418) 266-2673
info@gotopshape.com

Traduction et infographie : Richard Ouellette
rouel@videotron.qc.ca
Révision : Marcelle Boisvert

Diffusion :
Canada : Éditions ADA Inc.
Téléphone : (450) 929-0296
www.ada-inc.com

France :
Librairie du Québec
30, rue Gay Lussac 75005 Paris
Téléphone : 01 43 54 49 02 / Télécopieur : 01 43 54 39 15
www.quebec.libriszone.com
liquebec@noos.fr

Dépôt légal – 2005
Bibliothèque nationale du Québec
Bibliothèque nationale du Canada

ISBN : 2-923209-05-2

Je dédie cet ouvrage à mes parents, des leaders,
des mentors, des gens remplis d'amour.

À ma mère, qui demeure un véritable phare pour moi
par la curiosité qui la caractérise en toutes circonstances, et en
souvenir de mon père, qui fut un modèle
d'indéfectible intégrité.

En l'honneur de ma femme, qui est ma meilleure amie
et mon plus grand professeur. Et à nos enfants, Max,
Alexia et Isabella, qui me procurent une si grande joie.

Le leadership pour soi

Avant de pouvoir atteindre son plein potentiel en tant que leader, chacun doit d'abord en devenir un pour lui-même[1]. Il doit savoir mettre à profit ses talents naturels et ses forces, remettre en question les habitudes qui nuisent à son développement personnel et apprendre à bien gérer les peurs et les émotions négatives qui l'empêchent de réaliser ses objectifs.

Comme vous le savez sans doute, notre pensée fonctionne sur deux plans à la fois – le conscient et l'inconscient. Notre « fourmi » représente la partie intentionnelle de notre cerveau – où sont logés notre sens critique et notre pensée analytique. Notre « éléphant » correspond pour sa part à la section instinctive, impulsive de notre cerveau – où prennent forme nos émotions, où sont emmagasinés nos souvenirs, et où notre corps puise ses directives en vue d'accomplir ses différentes fonctions vitales. Bien que nous ayons tendance à bien connaître la partie consciente de notre pensée – la *fourmi* –, nous n'accordons souvent que peu d'attention à la puissance *éléphantesque* de notre subconscient. Malheureusement, en agissant de la sorte, nous gaspillons une ressource importante d'énergie humaine.

Imaginez une fourmi minuscule sur le dos d'un gros éléphant d'Afrique. La petite bestiole a beau vouloir avancer dans une direction quelconque avec détermination, si l'éléphant sur lequel elle se trouve marche dans la direction opposée, la fourmi se retrouvera éventuellement encore plus éloignée de son objectif qu'elle ne l'était à son point de départ. De la même manière, nous nous trouverons plus en recul par rapport aux objectifs que nous nous sommes fixés si les deux dimensions de notre pensée, le conscient et l'inconscient, ne travaillent pas de concert. Quels sont les côtés éléphantesques de notre personnalité qui nuisent à

---

1. Le masculin utilisé peut être remplacé par : elle/lui/son/sa/elle-même/lui-même… Ouf!

notre capacité de relever certains défis ? Comment nos émotions jouent-elles un rôle de frein dans notre volonté d'agir et de communiquer de manière efficace ? Qu'est-ce que cela veut dire, au juste, de nous engager pleinement dans la réalisation d'un rêve personnel ?

Un bon leader sera peut-être prêt à admettre qu'il se complaît dans des habitudes *éléphantesques* qui compromettent l'atteinte de certains de ses objectifs, mais un *vrai* leader choisira d'y faire quelque chose. Il s'examinera en vue de découvrir les comportements et les habitudes de vie qui gardent son inconscient captif de ces mauvaises habitudes. Il cherchera à redéfinir les croyances, les attitudes et les convictions profondes qui dirigent ses efforts conscients. Le *vrai* leader apprendra à surmonter ses peurs cachées, à placer la barre plus haut et à investir toutes ses énergies émotionnelles dans la poursuite de sa vision pour indiquer aux autres la voie de la véritable réussite.

La fourmi et l'éléphant est une parabole amusante pour vous aider à relever ce défi. Elle vous enseigne comment unir les potentialités énormes de votre pensée consciente et de votre subconscient en vue de vous permettre d'atteindre un niveau élevé de performance, autant sur le plan personnel qu'en tant que dirigeant d'entreprise ou cadre d'une société.

Chapitre 1

Laisser ce qui est familier derrière

Il y a plusieurs années, quelque chose d'extraordinaire est arrivé dans la savane africaine. Une fourmi, pas plus grosse qu'une gouttelette d'eau, a trouvé l'énergie, la force et la détermination qui lui ont permis de déplacer un énorme éléphant.

Impossible, dites-vous ? Il n'y a aucun moyen par lequel une fourmi puisse réussir à bouger un éléphant.

Pourtant, chacun des mots de cette histoire est vrai[1]. Après des mois et des mois de réflexion profonde et de questionnement intérieur, une fourmi mâle très éveillée et dénommée Flam a découvert comment exploiter la puissance de son subconscient ayant la forme d'un coéquipier aux proportions éléphantesques, et dénommé Elgo. Au cours du processus, Flam a non seulement appris à mieux se connaître lui-même, mais il a également découvert comment on devient un leader qui donne aux autres l'envie de le suivre.

Il va de soi qu'aucune fourmi – ni aucun homme par la même occasion – ne saurait réussir à tirer son épingle du jeu toute seule dans la vie. Sans l'apport et les précieux conseils d'un vieux hibou nommé Brio – dont le son de la voix ressemblait étrangement à celui de James Earl Jones[2], les rêves de Flam pour un avenir prometteur n'auraient jamais pu se concrétiser. Toutefois, grâce à l'aide de Brio, Flam a découvert de quelle étoffe sont faits les vrais leaders qui savent se diriger eux-mêmes. Et, ce qui est plus important encore, il a également appris comment le fait de se connaître ainsi lui-même était un élément crucial dans sa quête de devenir un vrai leader pour les autres.

---

1. Confié avec un sourire en coin.
2. James Earl Jones, acteur de cinéma américain qui a prêté sa voix au personnage de Mufasa dans le film d'animation *Le roi lion*.

Flam et Elgo ont vu la direction et le cours de leur vie se transformer du tout au tout. Après avoir compris ce que Brio a recommandé à Flam et à Elgo, vous aurez également la possibilité de modifier avantageusement le cours de la vôtre.

Il s'agit là d'une histoire exceptionnelle.

C'est un récit tout à fait *inspirant.*

Je suis persuadé que vous saurez en tirer des leçons profitables.

Et cette histoire commence par une tempête épouvantable.

✲ ✲ ✲

Au milieu de la nuit, tandis que Flam dormait paisiblement dans son lit, il fut tiré de son sommeil par l'arrivée de son ami Charlie.

« Flam ! Flam ! répétait Charlie en le secouant, à bout de souffle. Une terrible tempête fait rage en ce moment. Il nous faut nous assurer que nos provisions sont à l'abri ! » Flam, qui se trouvait au beau milieu d'un rêve aux détails croustillants, se leva de son lit en grommelant. Puis il suivit Charlie hors de la fourmilière en se frottant les yeux.

Une fois dehors, Flam se rendit compte que la colonie entière avait été mobilisée pour cet effort important. Flam voyait ses amis et le reste de ses congénères se précipiter çà et là pour retirer la nourriture et les autres provisions du lieu balayé par le vent et les mettre dans un endroit sûr. Tandis que chacun s'affairait à la tâche, la pluie et le vent augmentaient de plus en plus en intensité.

✲ ✲ ✲

Flam ne mit pas beaucoup de temps à comprendre que la situation était en train de dégénérer en chaos total. Plusieurs de ses compagnons de travail se précipitaient dans tous les sens comme des fourmis qui ont perdu la tête[1].

---

1. Ou des girouettes qui ont perdu le nord. C'est là l'idée.

« Vous n'allez pas dans la bonne direction ! » leur enjoignit Flam. Il grimpa sur un monticule et se mit à leur crier en gesticulant : « Suivez-moi ! » faisant tous ses efforts pour que sa voix soit entendue malgré le hurlement du vent. « Suivez-moi ! Ce chemin sera plus facile ! » Mais Flam avait beau crier fort, ses compagnons refusaient de le suivre. Il se mit alors à hurler à pleins poumons, s'efforçant de capter leur attention en agitant ses quatre pattes de devant dans tous les sens. Mais rien n'y faisait; ou bien ses congénères ne faisaient pas attention à lui, ou bien ils ignoraient carrément sa présence, tout simplement.

C'est alors qu'un énorme coup de tonnerre retentit, illuminant le ciel. Flam cessa de gesticuler et jeta un coup d'œil à la colonie. L'éclair lumineux lui permit d'apercevoir le tohu-bohu qui régnait tout alentour; on aurait dit que la colonie tout entière était comme figée dans le temps.

L'instant d'après, Flam ne devait plus revoir ses congénères pour plusieurs mois. Tout ce que la petite fourmi a compris, c'est qu'un extraordinaire coup de vent l'emportait. La bestiole avait l'impression de voler, tandis qu'elle faisait culbutes et cabrioles dans l'air, sous l'effet de la bourrasque. Lorsque le vent semblait diminuer un moment, un nouveau souffle prenait la relève, puis un autre et un autre…

Il plut longtemps ainsi à torrents sur le sol asséché, et les vents continuèrent à siffler à travers la plaine. Impossible de savoir jusqu'où Flam avait été emporté. Dans la nuit noire, sous les assauts constants de la pluie torrentielle, Flam perdit finalement tout repère. Lorsque le vent le déposa enfin sur le sol, il se précipita pour chercher refuge dans un petit ravin peu profond. Son corps avait été secoué à un point tel par la force des éléments qu'il tomba endormi sur-le-champ, sombrant dans un sommeil profond.

Flam était loin de se douter que sa vie avait été transformée à jamais par cette tempête. En effet, il avait été arraché au confort et à la sécurité de la colonie à laquelle il appartenait, et cet état de choses lui fournissait l'occasion de voir maintenant son existence sous un angle complètement nouveau. En fait, n'eut été de cette terrible tempête, Flam n'aurait jamais fait la découverte de l'Oasis.

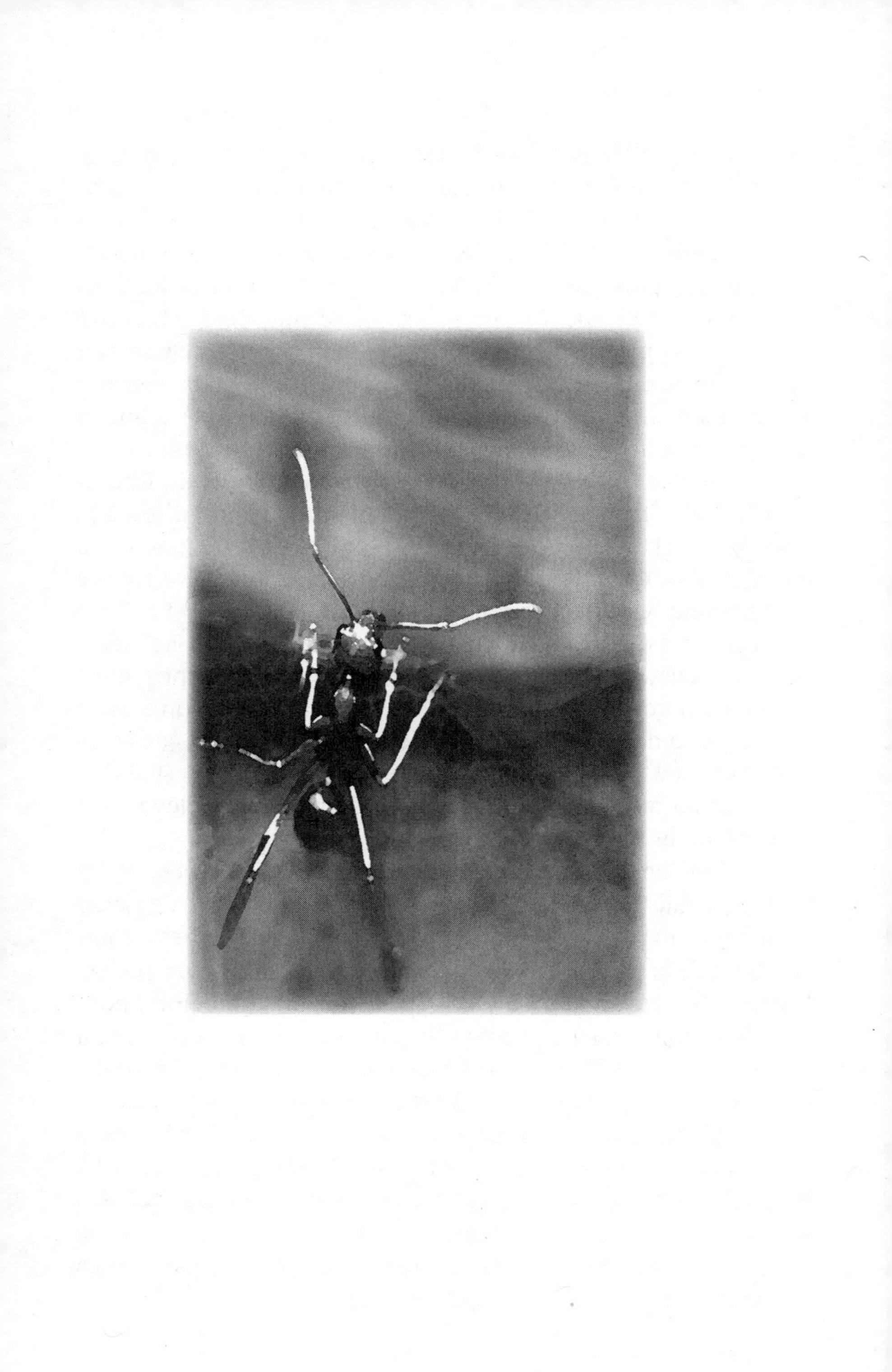

* * *

Lorsque Flam se réveilla, au lendemain de ce terrible orage, tout était redevenu calme et tranquille; il se sentait plutôt désorienté, il va sans dire. Il se frotta les yeux en baillant, et se rendit compte rapidement que l'environnement dans lequel il se trouvait lui était complètement étranger. La terreur de la nuit précédente refit surface tout à coup, et il commença à ressentir au fond de son être une angoisse qui lui donnait l'envie de vomir. Il avait beau regarder tout autour, il n'apercevait aucun de ses congénères. En réalité, il ne voyait plus aucun signe tangible que la colonie à laquelle il appartenait avait pu, un jour, exister. Il fit un bref tour de reconnaissance des lieux et il ne trouva pas de piste lui permettant de retrouver le chemin de la maison[1].

Il était envahi par un réel sentiment de vide. Une solitude profonde s'empara de lui et il se sentit soudain si abattu. La gravité de sa situation le saisit alors avec la rapidité que met le soleil pour escalader le ciel de la savane africaine. Maintenant coupé de la colonie à laquelle il appartenait, Flam ne savait plus quoi faire de sa peau et il savait encore moins de quoi remplir les longues journées et les nuits qui se profilaient devant lui. Et la chose la plus terrifiante était sans doute que, sans la colonie de ses pairs, Flam sentait qu'il n'avait plus de but ou de mission dans la vie. Il se pencha pour regarder dans le miroir d'une flaque d'eau de pluie laissée par la tempête de la nuit précédente. Et tandis qu'il apercevait le reflet de son visage, il comprit que, sans la colonie à laquelle il appartenait, il ne savait plus trop bien qui *il* était au juste.

C'est alors que la question de sa propre finalité se présenta d'emblée à son esprit. Quels avaient été les objectifs qu'il avait poursuivis au milieu de la colonie ? Flam se mit alors à réfléchir à la question avec intensité. Après tout, il ne trouvait rien d'autre à faire dans cet endroit aride où il se trouvait maintenant confiné.

---

1. Il s'agit ici d'une de ces histoires où les fourmis jouissent de la faculté de parler, mais elles n'ont pas accès au site Mapquest.com, dans Internet.

À la fin de cette première journée en solitaire, Flam avait mal à la tête tant son petit cerveau n'en finissait pas de vibrer d'activité. Il se sentait plutôt affligé.

Avant d'avoir été arraché à sa colonie, Flam pouvait dire en toute assurance qu'il s'acquittait bien de son travail. Il se montrait sérieux et digne de confiance à tous points de vue. Ses congénères le voyaient comme une fourmi exemplaire, ayant de nobles intentions et prête à travailler d'arrache-patte. Il n'y a pas si longtemps, la reine l'avait même promu à un poste faisant de lui le responsable de toute une délégation de fourmis. Il faut reconnaître que Flam ne se sentait pas très à l'aise dans une telle position. Plus souvent qu'autrement, lorsque Flam donnait une consigne quelconque à ses congénères, ceux qui travaillaient sous ses ordres le dévisageaient d'un regard impassible et ils semblaient ne pas savoir au juste quoi faire avec l'information. Flam trouvait vraiment difficile, voire impossible, de parvenir à les motiver. Il ne savait pas comment bien leur communiquer sa vision. À certains moments, quand il n'arrivait pas à stimuler l'enthousiasme de son équipe devant une tâche quelconque, il ne pouvait chasser la conviction intérieure d'être une espèce de marionnette. Il savait qu'il était capable de persuader les autres, mais il n'arrivait tout simplement pas à se convaincre lui-même de la pertinence des paroles qui sortaient de sa bouche. Inutile de dire que les choses n'allaient pas bien pour lui. Il y a moins d'une semaine, la reine avait convoqué Flam pour l'informer que sa délégation n'avait pas fourni le niveau de rendement attendu. Elle l'avait exhorté à faire en sorte que « tout rentre dans l'ordre dans les plus brefs délais », sur un ton altier, qui laissait clairement entrevoir la menace de fâcheuses conséquences, dans la négative.

Et maintenant qu'il était seul et qu'il se trouvait coupé de ses amis et de ses pairs, Flam avait le loisir de se montrer plus honnête envers lui-même : pour dire vrai, il ne s'était jamais vraiment senti solidaire des décisions touchant l'avenir de la colonie. Une telle prise de conscience lui causait un certain malaise. Il savait qu'il avait beaucoup à offrir à ce monde. En effet, il était persuadé qu'il avait beaucoup à offrir à ses pairs, les fourmis, en particulier son énergie de travailleur. Peut-être qu'en y mettant plus d'ardeur il serait arrivé à faire de la colonie un endroit où il fait vraiment bon vivre et travailler – mais il ne savait pas très bien ce que cela voulait dire. Comment devait-il s'y prendre pour faire mieux ? Sur *quoi* précisément devait-il concentrer ses efforts ? Il s'assit bien droit et se mit à fixer l'horizon. Il jeta un coup d'œil tout autour et sentit que le rêve d'un avenir prometteur commençait à s'évaporer en lui.

« N'est-ce pas là le bon chemin à suivre ? » murmura-t-il, en tapant le sol de l'une de ses petites pattes pour se secouer un peu. « Maintenant que je comprends comment j'aurais pu mieux faire, c'est trop tard ! Bon sang ! Inutile de me bercer d'illusions. Je ne reverrai jamais la colonie à laquelle j'appartiens. Et même si je réussissais à en retrouver le chemin, comment pourrais-je changer quoi que ce soit à ma vie, vu le type de fourmi que je suis en réalité... »

Le petit corps de Flam se recroquevilla de nouveau. Il se sentait complètement à plat, défait, désespéré. Il était cuit, un point c'est tout.

* * *

Un peu de temps s'était écoulé. Flam passait ses journées entières à des occupations journalières fastidieuses. Il avait l'impression de consacrer l'essentiel de son temps et de son énergie à assurer sa propre survie – rien de plus, rien de moins. À jamais enfuis, pour lui, les beaux jours d'autrefois où il pouvait bavarder avec amis et collègues durant ses pauses au travail. Puisqu'il était maintenant seul au monde en tant que fourmi, il y avait toujours tant de choses à faire; et il lui semblait souvent que sa vie se résumait à poser, au quotidien, une série de gestes machinaux sans lesquels il lui serait impossible de se tirer d'affaire, jour après jour.

Chaque matin, il s'adonnait à la même activité routinière. Il faisait d'abord sa toilette, en commençant par ses pattes, puis chacune des autres parties de son corps; il brossait soigneusement ses antennes, puis astiquait ses pinces. Ensuite, il se préparait à sa session d'entraînement – soulever cinquante fois son poids. Tristement, sans qu'il s'en rende vraiment compte, Flam commençait à s'habituer au milieu hostile dans lequel il se trouvait confiné, et à sa solitude.

Bien que la lutte pour sa survie soit continuelle, Flam arrivait quand même à trouver de quoi se nourrir dans cet environnement inhospitalier. Tandis qu'il vadrouillait çà et là, en quête du prochain repas, il lui arrivait souvent de lever les yeux vers l'horizon, notant le contraste frappant entre la terre aride et le bleu éclatant du ciel. Inévitablement, le spectacle le remplissait d'un mélange de nostalgie et de regret, et ces sentiments continuaient habituellement à le perturber jusque tard dans la nuit. *Il doit y avoir plus à la vie que mes efforts de survie actuels,* se murmurait-il en contemplant la voûte étoilée. *Il me semble que la vie devrait se révéler une aventure palpitante et pas seulement se résumer à la lutte continuelle pour la survie.*

LA VIE DEVRAIT SE RÉVÉLER
UNE AVENTURE PALPITANTE ET PAS
SEULEMENT SE RÉSUMER À LA LUTTE
CONTINUELLE POUR LA SURVIE.

Puis, un après-midi, un énorme corbeau vint se poser tout près de lui. Il se mit à picorer les réserves de nourriture que Flam avait réussi à mettre soigneusement de côté. Étant donné le fait que l'oiseau dépassait en stature mille fois la sienne, Flam choisit de s'approcher du corbeau en faisant preuve d'une certaine circonspection.

« Excusez-moi, dit Flam en parlant fort, mais sans pour autant indisposer l'animal… Euh ! je crois, cher monsieur, que vous êtes en train d'engloutir de la nourriture qui m'appartient. »

Le corbeau le toisa d'un regard impassible qui remplit d'effroi la petite bestiole. « *Et alors ! ?* crois-tu vraiment que tu peux m'en empêcher, l'ami ? »

« Oh non, non, non ! répondit Flam, comme pour s'excuser. Je tenais simplement à… eh bien, à m'assurer que vous profitez pleinement de votre bon repas, c'est tout. »

« Merci, répondit l'oiseau en gloussant avec un sourire méprisant. Mais, non merci. Je suis en route vers l'Oasis, et la nourriture là-bas est bien meilleure que celle que vous avez ici. Vous pouvez tout garder. »

Les antennes de Flam se dressèrent de curiosité. « En route vers l'Oasis ? Qu'est-ce que c'est ? Je n'ai jamais entendu parler d'une oasis… »

« Vous ne connaissez pas l'existence de l'*Oasis* ? » Le corbeau se mit à rire à gorge déployée. « Je n'en crois pas mes oreilles ! L'Oasis est tout simplement l'endroit le plus unique et le meilleur au monde, voilà tout. C'est un véritable paradis. En fait, c'est encore mieux que le paradis; c'est comme le *ciel*. Tout ce dont on peut rêver – noix de coco, papayes, mangues – tombe tout simplement des arbres en abondance. C'est un coin de pays baigné par le soleil et couvert de champs verdoyants à perte de vue. Et le meilleur de tout, c'est un endroit où tout baigne… Il suffit de rêver à quelque chose ou d'en avoir envie, et cette chose *arrive* lorsqu'on se trouve à l'Oasis. » Les yeux du sombre oiseau étincelaient à la simple évocation de ce lieu merveilleux, et il se rendit compte que Flam le dévisageait, bouche bée. Il secoua alors vivement la tête pour sortir au plus vite de sa rêverie. Puis, jetant un coup d'œil aux alentours, il ajouta, d'un air narquois : « Rien de commun avec un trou comme celui-ci, c'est certain ! »

« Ça semble *incroyable* ! répondit Flam. Avez-vous l'intention de vous rendre là-bas maintenant ? »

« Aussi vrai que le bout de ton derrière », répondit l'oiseau. Puis il tourna le dos à la fourmi et se préparait à prendre son envol lorsque la fourmi renchérit :

« Accepteriez-vous de me prendre avec vous ? Ou, du moins…, indiquez-moi comment je pourrais me rendre à cet endroit », ajouta Flam d'une voix qui ressemblait à un petit cri.

L'oiseau couleur d'ébène dressa la tête au-dessus de ses

ailes et fit une œillade à la fourmi en disant : « Et pourquoi donc, petite bestiole, ferais-je une chose pareille ? » Et sur ces paroles, le corbeau prit son envol[1].

☼☼☼

Après avoir entendu le corbeau faire une telle description de l'Oasis, Flam devint bientôt obnubilé par cette idée. En fait, il se mit à rêver à l'Oasis nuit et jour. Il se demandait : *À quoi ce coin de pays peut-il bien ressembler ? Quel aspect peut bien avoir cet endroit si merveilleux ? Est-ce une terre où il y a du soleil, un ciel bleu, des occasions à saisir ? Vais-je y retrouver mes congénères les fourmis ? J'en suis certain. Admettons que le corbeau ait dit vrai et que l'Oasis est comme un paradis, alors la vie abondante à laquelle je rêve – une vie qui offre plus que la simple survie au quotidien – est là, accessible, et elle n'attend qu'à être saisie.*

Si seulement il pouvait trouver le moyen de se rendre à cette *oasis,* Flam avait la certitude de voir ses moindres rêves se concrétiser et ses difficultés se résoudre enfin. C'est pourquoi il se fixa comme objectif de trouver le chemin qui menait à l'Oasis; cela devint sa quête, son rêve le plus passionné.

Flam se sentait dans une forme qu'il n'avait pas connue depuis des mois. Après tout, peut-être y avait-il un aspect positif au fait d'avoir été ainsi privé de la présence de ses congénères de la colonie ? Peut-être que la tempête l'avait arraché à sa vieille zone de confort pour le mener éventuellement dans un nouvel univers rempli de réelles possibilités ? La seule question qui restait sans réponse pour Flam était de savoir comment s'y prendre pour transformer son rêve en réalité.

---

1. Si les fourmis avaient des mains, notre petit héros aurait probablement réagi en faisant au corbeau un doigt d'honneur.

Chapitre 2

Suivre le bon vieux chemin habituel

Tout le monde sait que les éléphants ont une excellente mémoire, et Elgo, le pachyderme, ne faisait pas exception à la règle. Il se rappelait littéralement *chacune* des expériences qu'il avait jamais vécues, en passant par le goût de l'herbe broutée lorsqu'il n'était encore qu'un éléphanteau, jusqu'à la chaleur qu'il faisait la veille, avec le soleil qui lui avait tapé sur le dos, la journée durant. En fait, c'est justement sa mémoire extraordinaire qui dirigeait le va-et-vient de ses quatre pattes se balançant selon un rythme machinal (qu'il sache ou non dans quelle direction il allait). Quelle que soit la chose mémorisée, lieu, odeur, mouvement ou même toucher, celle-ci demeurait fixée dans la pensée et la mémoire d'Elgo pour toujours. En fait, il était une véritable mine ambulante d'informations, de choses mémorisées, d'habitudes acquises et d'instinct.

Elgo était un éléphant à la force herculéenne. Il avait de larges épaules et des flancs plutôt imposants[1]. Peu de choses résistaient au passage d'Elgo lorsque celui-ci se déplaçait. Et pourtant, malgré sa force et sa puissance, cet éléphant était un animal étonnamment timide. Peut-être la cause en était-elle attribuable au milieu dans lequel il avait grandi. Il avait, en effet, été élevé par deux parents qui l'aimaient et l'avaient instruit d'une manière qui, sans qu'ils ne s'en rendent compte, avait peut-être gâché les choses pour toujours dans sa vie.

Le père d'Elgo était reconnu pour son pessimisme et il passait le plus clair de son temps à raconter à qui voulait bien

---

1. Comme les éléphants se montrent sensibles à l'égard de tout ce qui touche leur poids, nous allons tout simplement conclure qu'Elgo avait un derrière imposant. C'était un poids lourd qui savait comment faire peser sa volonté dans la balance.

l'entendre combien il trouvait la vie difficile. Et comme c'est le cas pour bon nombre de pères, celui d'Elgo avait tendance à sermonner le jeune éléphant: «Le milieu de vie dans lequel nous sommes est absolument impitoyable. Je prie que tu ne sois jamais exposé à la dure épreuve de la Grande Sécheresse, et même si tu réussissais à en être épargné, tu constateras tout de même que la vie demeure un véritable combat.»

La mère d'Elgo l'avait entouré de ses tendres soins lorsqu'il était encore jeune, mais elle faisait preuve d'une prudence excessive à son égard. Elle lui rappelait sans cesse de faire attention et de ne jamais s'éloigner de la piste empruntée par le reste du troupeau d'éléphants. «Le danger se cache derrière chaque tournant du chemin, c'est pourquoi il faut te montrer circonspect en toutes circonstances», lui disait-elle de sa voix basse, apaisante. «Montre le bon éléphant que tu es en te conformant à tout ce qu'on te demande de faire. Suis les conseils de ton papa, car il sait ce qui vaut mieux pour toi!»

Elgo accordait une réelle importance à l'avis de ses parents et tenait compte de leurs avertissements. Sous la tutelle de son père et de sa mère, il apprit donc à travailler fort et à protéger son territoire. Au fur et à mesure qu'il grandissait en maturité, il découvrit quelles sont les contraintes et les limites qui caractérisent la vie des éléphants. Il apprit aussi qu'il leur fallait composer avec différents défis, lutter pour les surmonter, en accepter la responsabilité – et que tout ceci affectait grandement la vie des pachydermes au quotidien. Et Elgo ne l'oublia jamais.

Toutefois, bien qu'il se montrât obéissant, une partie de son être se rebiffait contre les limites fixées par le reste du troupeau. Déjà, lorsqu'il n'était encore qu'un éléphanteau, il adorait rêvasser dans un coin, et il trouvait une certaine paix intérieure à fuir ainsi la réalité et à se laisser aller aux caprices de son imagination.

Lorsque Elgo était jeune, son oncle lui parlait souvent d'un coin de pays merveilleux, dans un lieu très éloigné, où l'on trouvait des lacs profonds et limpides, une végétation luxuriante offrant des fruits succulents, des fleurs au parfum suave et des animaux qui se montraient dociles et amicaux. Dans ce paradis, on n'avait pas besoin de chercher sa nourriture, un point d'eau où se désaltérer, ou un peu d'ombre. Tout ce dont un éléphant avait besoin pour goûter le bonheur se trouvait là, à portée de main[1].

Dans cette oasis, répétait son oncle, on n'avait pas besoin de faire des kilomètres pour trouver un point d'eau, ou de creuser dans le sol poussiéreux, comme c'était le cas là où ils se trouvaient. C'était la vie facile, et tout le monde là-bas jouissait du bonheur, disait-il à Elgo en souriant.

Malheureusement, chaque fois que son oncle se mettait à lui raconter comment les choses étaient et se déroulaient dans l'Oasis, son père s'immisçait alors dans la conversation.

« Ne prête pas attention à de telles sornettes, claironnait-il derrière lui. Ton oncle te fait marcher. La vie est dure; c'est difficile de se tirer d'affaire, Elgo. Et si tu ne me crois pas maintenant, tu verras bien; tu pourras constater par toi-même combien douloureuse peut devenir notre existence ici-bas, parfois. » Puis, son père se tournait alors immanquablement vers son oncle pour le sermonner: « Allons, dis-lui la vérité. Dis-lui combien la vie est dure ! Cesse de tromper mon fils en lui racontant de tels mensonges ! »

L'oncle d'Elgo soupirait alors profondément: « C'est vrai, répondait-il, en regardant le père d'Elgo. La vie d'un éléphant est dure… même lorsqu'il n'est pas obligatoire qu'il en soit ainsi. »

LA VIE D'UN ÉLÉPHANT EST DURE… MÊME LORSQU'IL N'EST PAS OBLIGATOIRE QU'IL EN SOIT AINSI.

Comme tous les éléphants mâles, Elgo avait quitté le troupeau de sa mère une fois devenu adulte. Bien qu'il sache que c'était pour son bien, la sécurité et l'innocence qui avaient caractérisé

1. Au magasin du Joyeux Éléphant. Attention, clients de E-Mart (magasin d'alimentation virtuel) : l'article en promotion aujourd'hui est la béatitude.

sa vie dans sa jeunesse lui manquaient beaucoup. Puis, un de ces matins, tandis qu'Elgo traînait les pieds en avançant sur la piste fort bien aplanie des éléphants, il leva les yeux vers le ciel en essayant d'imaginer ce que serait sa vie s'il était un nuage. *Qu'est-ce que ça doit être chouette,* se disait-il, songeur, *de flotter librement là-haut, dans le firmament! Comme l'expérience me semble merveilleuse. Je me demande de quoi a l'air la savane de là-haut?* Puis il déploya toutes grandes ses oreilles, les positionnant à angle droit du reste de son corps, pour se rafraîchir un peu, tandis que le soleil s'élevait à son zénith dans l'azur.

Elgo ne mit pas longtemps avant de revenir à la réalité. Il baissa la tête vers le sol et y arracha une grosse touffe d'herbe sèche avec sa trompe. Puis il reprit sa longue marche fastidieuse, dans sa quête continuelle du prochain point d'eau et d'un peu de nourriture, le long du chemin.

De temps en temps, Elgo ne pouvait s'empêcher de rêver à ce coin de pays, au loin, dont il avait si souvent entendu parler lorsqu'il était éléphanteau. Il ne voulait pas se l'avouer, mais il considérait presque déjà l'Oasis comme sa vraie demeure. C'était là l'endroit qui lui *inspirait* un sentiment d'appartenance. Bien évidemment, réussir à s'y rendre constituait une autre histoire. Elgo avait accepté depuis longtemps le fait que l'Oasis aurait pu tout aussi bien se nommer *Mirage*. Il doutait de ne jamais pouvoir la contempler des yeux. *Tu peux rêver autant que tu veux,* se disait-il en lui-même, *mais cette oasis n'est réelle que dans ta grosse caboche d'éléphant.*

Ainsi, il continua à faire ce qu'on lui avait dit de faire tout au long de ses années de croissance. L'écho des paroles de sa mère résonnait constamment dans sa tête: «Montre-toi un bon éléphant et obéis aux consignes que l'on te donne[1].» Il n'y avait rien à redire là-dessus: il lui fallait suivre la piste qui avait été établie par ceux qui l'avaient précédé et ne pas gaspiller son

---

1. Des choses comme : «Avale tes légumes... N'oublie pas de ranger ta chambre... Ne pointe pas ta trompe dans ma direction... Je t'ai porté dans mon ventre pendant vingt mois et tu pesais 120 kilos quand je t'ai mis au monde – ne me parle pas sur ce ton!»

temps à poser des questions. La vie d'un éléphant, après tout, est très difficile.

***

Bien évidemment, ce type de comportement n'est pas l'apanage des éléphants seulement. Le monde est rempli de créatures qui ne rêvent que d'une chose, mais n'arrivent jamais à renverser le cours des habitudes négatives qui les empêchent de réaliser leur rêve. Cependant, il y avait, au milieu de la savane, une créature qui avait acquis beaucoup de sagesse dans ce domaine, tout au long de ses années d'expérience. Son nom était Brio, le sage hibou, et sa réputation le précédait partout sur le territoire par la vivacité de son intelligence et ses enseignements intemporels. Brio avait connu les parents d'Elgo, il y a des années, et il arrivait à repérer la lourde démarche d'Elgo et ses larges épaules à des kilomètres de distance. Il était également sensible au fait que ce dernier avait grandi dans un environnement pessimiste à cause de l'influence de ses parents.

Tandis qu'Elgo avançait sur la piste en se traînant les pieds, le magnifique oiseau au plumage tacheté flottait, lui, tout là-haut avec grâce, porté par le courant, au-dessus de la tête de l'éléphant. Pour Brio, il semblait presque inévitable qu'Elgo allait continuer ainsi à marcher en direction opposée à l'Oasis, sans même jamais le réaliser.

« Ce pauvre éléphant ne sait même pas *comment* changer de direction, dit Brio de sa grosse voix robuste. Malgré les indices évidents – le bruit de l'eau dans le ruisseau et la contrée fertile, et si verdoyante, au loin –, il n'arrive même pas à se rendre compte de la chose. » Brio se posa sur une haute branche en soupirant : « Comme c'est le cas pour tant d'autres créatures, le chemin menant vers l'Oasis semble lui échapper complètement. »

Elgo était loin de se douter que Brio l'observait de là-haut et qu'il se préparait à le conduire dans une toute nouvelle direction.

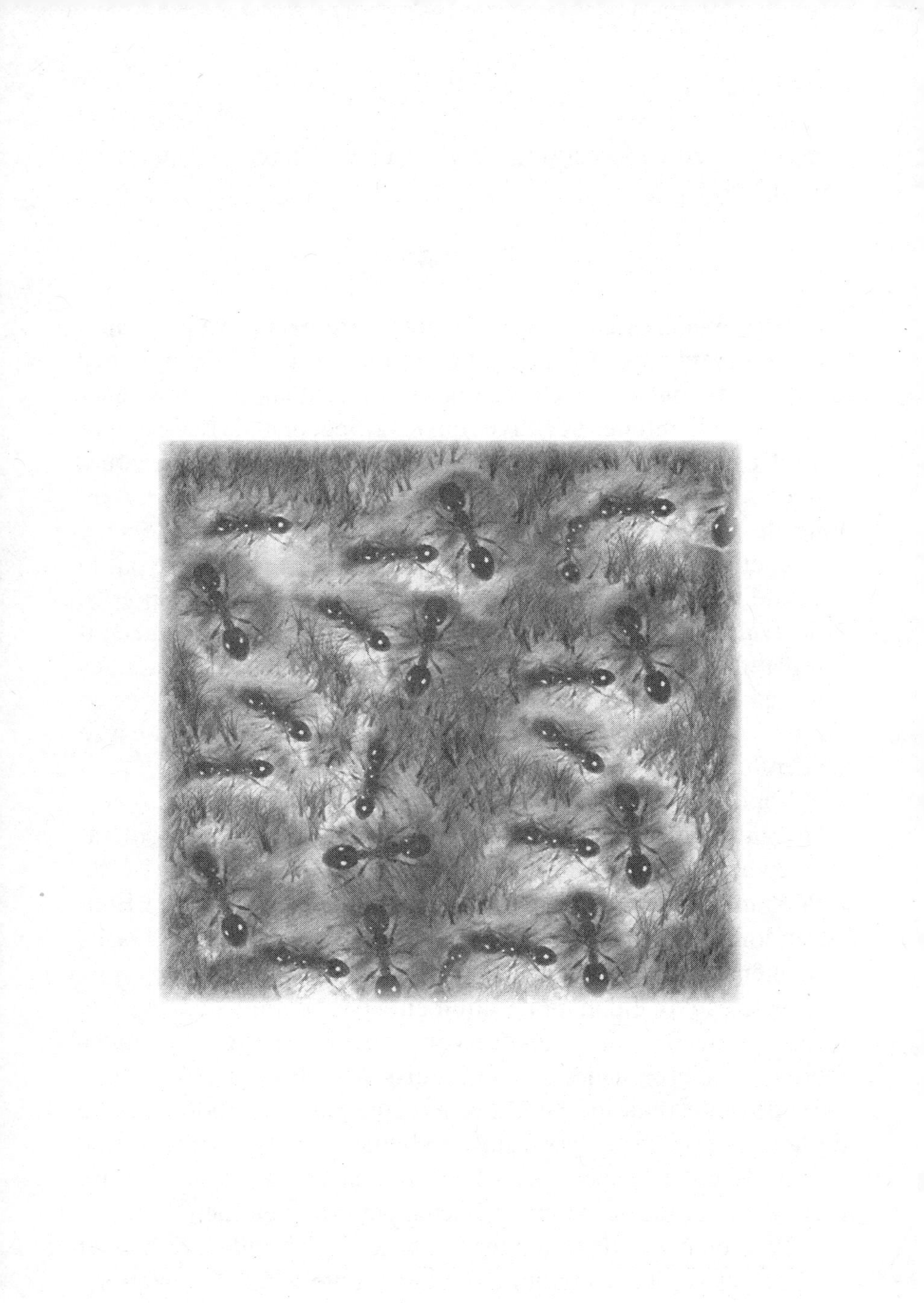

Chapitre 3

Découvrir de nouvelles possibilités

Depuis que Flam avait rencontré le corbeau, il n'arrivait plus à se sortir l'Oasis de la tête. Et pourtant, comme la plupart d'entre nous, Flam voyait comme un écart infranchissable la distance qui séparait son rêve de sa réalité quotidienne.

Il se mettait au lit chaque soir avec l'intention de partir, dès le lever du jour, dans la direction de ses rêves, mais à son réveil, il se sentait tout simplement terrifié à l'idée de devoir quitter son univers, quelle que soit la direction prise. Malheureusement, Flam laissait le doute s'immiscer dans son esprit et y établir sa demeure permanente. Il se demandait si le corbeau ne lui avait pas raconté des histoires et si cette oasis était aussi merveilleuse que le volatile l'avait laissé entendre. La question plus pressante encore était de savoir par quel moyen il pouvait bien s'y rendre. Dans quelle direction lui fallait-il s'élancer ? Combien de temps cela lui prendrait-il ? Avait-il ce qu'il faut pour entreprendre un tel voyage en solitaire ? Est-ce qu'une telle entreprise était périlleuse[1] ?

Toutefois, sa vie demeurait la même, jour après jour, nuit après nuit. Impossible d'échapper à la réalité du fait que Flam ne faisait absolument aucun progrès. Il ne pouvait s'empêcher de conclure que son rêve d'atteindre l'Oasis allait finir par lui échapper. *Peut-être devrais-je simplement me contenter de ma misérable vie,* pensait-il. *Elle n'est pas extraordinaire – en fait, elle n'est même pas bien –, mais, au moins, elle est tolérable.*

---

1. Entre vous et moi, je dois confesser que Flam était un peu névrosé.

Flam savait que les fourmis ont une destinée; mais il ne savait pas, au juste, quelle était la sienne. Le destin était une réalité qui le rendait plutôt perplexe. En fait, c'est là un concept qui confond la plupart des gens également. Et bien que Flam ne le sache pas à ce moment-là, la fourmi n'était pas seule.

Un jour que Flam se promenait çà et là, en peinant pour trouver sa subsistance, et qu'un blizzard de pensées négatives et positives tourbillonnait dans sa tête, il devint très agité. Il savait ce qu'il désirait, mais c'était comme si sa volonté et sa détermination étaient en train de s'évaporer peu à peu. L'Oasis devenait de plus en plus difficile à imaginer dans sa tête. La petite fourmi sentait son niveau de frustration augmenter à force de réfléchir à ce que serait sa destinée dans la vie. Flam perdit alors tout contrôle sur ses émotions. Son malaise atteignit soudainement

un point de saturation et, dans un moment de faiblesse, il laissa échapper: «Ah misère ! Est-ce que j'ai vraiment une destinée, après tout ! ? ! »

La question demeura suspendue dans l'air un moment, puis le vent l'emporta au loin dans la grisaille du paysage. C'est alors que Flam entendit une voix grave lui répondre, voix dont il n'arrivait pas trop bien à cerner l'origine.

« Justement, l'ami… quel est ton destin ? »

Oh! mon Dieu! pensa Flam, qui, d'inquiétude, se prit la tête entre les mains. *Je crois que je deviens fou. Voici que j'ai des hallucinations maintenant… Tout cela est ridicule. Ce doit être parce que je souffre depuis trop longtemps de solitude. Franchement, les choses semblent aller de mieux en mieux! Voilà que j'en suis rendu à me parler à moi-même.*

« Ce n'est pas à toi-même que tu es en train de parler, petite fourmi », dit la voix.

« Ah ! qui a dit ça ? » rétorqua Flam d'une voix inquiète, tout en jetant un coup d'œil aux alentours, car il se demandait bien s'il n'était pas en train de perdre la boule[1].

Le soleil, qui avait chauffé le petit corps noir de Flam jusque-là, vit ses chauds rayons soudainement bloqués par la présence de quelque chose. La bestiole se mit à trembler de peur en levant timidement les yeux vers le ciel. Se fiant au ton grave et pénétrant de la voix, elle s'attendait à apercevoir une créature au physique imposant. Au lieu de cela, elle vit la silhouette un tantinet corpulente de Brio, le sage hibou.

✲ ✲ ✲

---

1. Au cas où vous trouveriez que l'expression manque d'originalité, libre à vous d'y substituer les choix songés suivants :

a) Il lui manquait un sandwich dans son casse-croûte, un boulon dans le moteur.

b) Il commençait à se prendre pour l'idiot du village.

c) Dans le grand garde-manger de la vie, ses pots de fruits n'étaient pas rangés sur la même tablette.

d)Toutes ces réponses.

Lorsqu'il n'était encore qu'une jeune fourmi, Flam avait entendu des tas d'histoires – des légendes, sans doute – entourant le personnage de Brio, mais il n'avait jamais eu l'occasion de faire sa connaissance. Le hibou était bien connu pour l'aide qu'il avait apportée à plusieurs créatures de la savane, leur permettant ainsi d'apprendre de précieuses leçons de vie. Certaines rumeurs circulaient ici et là à travers la contrée à l'effet que Brio avait réussi à lui seul à sauver de la banqueroute le marché de la mangue, et qu'il avait également réussi à négocier une entente viable entre deux bandes d'hyènes fortes en gueule qui se disputaient une parcelle de territoire.

Flam ne pouvait s'empêcher de se rappeler le vieil adage : « C'est quand le moment est venu pour la fourmi qu'apparaît le hibou, comme par enchantement. » Il en conclut qu'il *était* sans doute le prochain élève de Brio. Avec une force intérieure qui le décontenança presque, Flam comprit que les leçons de Brio allaient peut-être l'aider à réaliser son objectif de trouver l'Oasis.

Brio était un hibou magnifique. Ses plumes affichaient les chaudes nuances du marron et du beige, et ses yeux empreints de noblesse et d'une grande intelligence avaient l'éclat de pierres précieuses. La forme de son bec donnait à son visage une sorte de force et de grâce; Flam ne pouvait qu'imaginer combien de paroles de sagesse l'oiseau de proie avait pu prononcer au fil des ans.

Brio se posa tout près de Flam; il tendit patte et aile droites derrière lui pour s'étirer, puis fit de même avec le côté gauche. Après avoir secoué brièvement la tête, le sage hibou s'installa dans une position confortable.

Flam était demeuré immobile, quelque peu abasourdi, et attendait que Brio entame la conversation.

Après un long silence, Brio fixa Flam de son regard profond et pénétrant, et il répéta la question posée précédemment : « Justement, Flam… quel est ton destin ? »

À dire vrai, Flam s'attendait à ce qu'on lui apporte des réponses plutôt qu'on lui pose des questions. Il se gratta la tête un moment en haussant chacune de ses six épaules.

« Euh... eh bien, pour commencer... j'aimerais vous dire bonjour, monsieur Brio. Euh... j'ai beaucoup entendu parler de vous, vous savez. Et, *cher monsieur,* on peut dire que votre réputation vous précède ! En ce qui concerne votre question, eh bien, j'ai peur de ne pas en connaître la réponse. Pourtant, je vous assure que j'aimerais savoir... En fait, puisque vous êtes là, je comptais un peu sur vous pour que vous *m'aidiez* justement à la trouver. »

Comme les hiboux ont coutume de le faire, Brio pivota la tête d'un geste rapide – ce qui provoqua chez le pauvre Flam une réaction de panique. *Misère !* se disait-il en lui-même, tout à coup saisi d'un malaise, *cette journée n'a rien d'habituel !*

« Eh bien ! Flam, ajouta le hibou de sa voix grave, si tu es prêt à écouter, je serai peut-être en mesure de t'aider à trouver le sens de ta destinée. »

Inutile de dire que la bestiole était enchantée et curieuse tout à la fois. Flam se pencha vers l'avant, en signe de réel intérêt, attendant que Brio continue.

« Flam, enchaîna le hibou de sa voix calme, tu es une créature dont l'énorme potentiel et l'intellect se trouvent recroquevillés dans un minuscule emballage. Et tu peux me croire lorsque je te dis que tu as un don très spécial. »

« Ah bon ! ? »

Brio baissa les yeux vers la fourmi estomaquée. « Y a pas de doute, tu as ce don. En réalité, la plupart des fourmis ne savent même pas que ce don existe. »

Flam était si interloqué à ce point de la conversation qu'il n'arrivait pas à garder son calme. Quel était ce don ? Pourquoi n'en avait-il jamais entendu parler auparavant ?

« Brio, monsieur... quel est ce don au juste ? »

« Ce don, Flam, est le fait que tu as la capacité de communiquer avec les éléphants. »

« J'ai le don de parler aux éléphants ? » rétorqua Flam, un peu incrédule.

« En effet, et il y a autre chose que tu vas trouver, je crois, un peu déroutant. »

« Qu'est-ce que c'est ? » répondit Flam, un peu intimidé.

« Eh bien, si tu veux t'accrocher à ma griffe, je vais te montrer. »

Flam avait maintenant dépassé le stade de poser des questions. Il se sentait si estomaqué, si bouleversé, qu'il suivit simplement la consigne de Brio. Il s'agrippa à la pince du hibou aussi rapidement que possible, et avant qu'il ne s'en rende compte, il flottait dans l'air. Le mouvement de l'oiseau était continu et fluide, et Brio amorça bientôt une série de trois virages vers la gauche, bien que, pour Flam, il lui semblait qu'ils avaient voyagé sur des kilomètres.

« Maintenant, Flam, dit Brio, descends de ma griffe et jette un coup d'œil aux alentours. »

Flam fit de nouveau ce que l'oiseau avait commandé, mais cette fois, il n'en croyait pas ses yeux. La fourmi se trouvait sur la saillie d'une falaise en pente inclinée, mais il ne s'agissait pas d'une falaise ordinaire. À un certain point, la terre se profilait à l'infini comme un long prolongement de terrain arrondi qui disparaissait ensuite. Flam avait l'impression de contempler le véritable bout du monde. Ses pensées se bousculaient dans sa tête. *Est-ce là où je me suis retrouvé, le soir où j'ai été emporté par la tempête ? Au bout du monde ?*

« Monsieur Brio, je ne sais pas ce qui se passe. Tout cela est vraiment bizarre. Où suis-je, au juste ? »

Brio percevait l'inquiétude de Flam dans le ton de sa voix. Il réagit en lui disant de ne pas s'en faire. « Flam, ta vie durant, tu as vécu sur le dos d'un éléphant. Je viens juste de te transporter sur le dessus de sa tête. Ce que tu regardes en ce moment est la courbe lente de sa trompe. Que tu y croies ou non, la tempête qui t'a déposé ici n'a fait, en réalité, que te déplacer d'un endroit à un autre, sur le corps de cet énorme éléphant. »

Flam était en état de choc. Il se sentait comme si le sol venait de disparaître sous ses pieds (bien qu'en réalité il aurait dû se sentir comme si un *éléphant* venait tout juste de s'évanouir sous ses pieds). Il avait, qui plus est, la gorge sèche, et il aurait juré qu'il commençait à perdre la vue.

« Je… j'ai passé ma vie entière sur le *dos d'un éléphant* ? » Flam fit une pause et jeta un coup d'œil au sol sous lui. « Vous voulez dire que tandis que j'étais en train de penser, de rêver et d'élaborer des plans, en m'efforçant de voir comment je pouvais changer les choses, la direction dans laquelle je m'efforçais d'avancer demeurait, en réalité, totalement hors de mon contrôle ? Oh ! rien que d'y penser me donne l'envie de vomir. Cela me dépasse, tout simplement. Voilà que je me promenais sur le dos d'un éléphant tout ce temps ! Je ne me sens vraiment pas bien. Je sens mes antennes en train de s'engourdir légèrement. Me permettez-vous de m'asseoir un moment ? »

« Je t'en prie, vas-y… », répondit le hibou, un peu inquiet de la réaction de la fourmi.

« Attendez une minute, continua Flam, la tête entre les pattes. Êtes-vous en train de me dire que lorsque je pensais mettre le cap vers l'ouest, il est possible que, sans le savoir, j'avançais alors plutôt vers l'est ? » Les questions de Flam se fondirent dans le silence tandis qu'il tentait d'assimiler cette nouvelle information pour le moins déroutante. Et son état de choc semblait décuplé par l'incrédulité, la colère et un profond malaise qui s'étaient emparés de lui dans cette circonstance. Bien entendu, comme Brio ne s'était pas acquis la réputation de « sage hibou » pour rien, il avait prévu une telle réaction vive de la part de Flam, et plus encore.

« Flam, je sais que cette vérité te semble difficile à accepter pour l'instant, mais une fois que tu te seras fait à l'idée, tu comprendras combien ce qui t'apparaissait, à première vue, comme un réel handicap, est en réalité une occasion unique remplie de possibilités extraordinaires pour toi. Tu es une créature sans pareille à travers la savane, Flam. La capacité qui est la tienne de parler aux éléphants te place dans une position absolument enviable; à cause de ce don, tu as le potentiel de devenir un leader exceptionnel. Il y a tant de créatures et d'insectes qui vivent, comme toi, sur le dos d'autres animaux et qui ne le découvrent jamais. Non seulement es-tu maintenant au courant de la chose, mais il t'est également possible de tirer un réel avantage d'une telle position. Si tu veux bien, je t'apprendrai comment diriger

ton éléphant. Avec ton caractère plutôt résolu, et avec un éléphant qui est bien dirigé, tu verras que tu peux accomplir de grandes choses. »

« Voulez-vous dire que je pourrais un jour me rendre à l'Oasis ? » a alors rétorqué Flam, plein d'espoir et ayant enfin retrouvé ses sens.

« Oui, et bien plus encore. Le monde entier est à tes pieds, attendant que tu le découvres, mais tu dois comprendre avant que toi et ton éléphant êtes inséparables. Essaie de voir la chose de la manière suivante, Flam : toi et ton éléphant formez une équipe. Tu en es l'élément conscient, et l'éléphant en est l'élément inconscient. Tu représentes la partie réflexion, esprit critique de l'opération, tandis que l'éléphant en est le moteur et le véhicule servant à mettre en branle les impulsions de ton intellect. Bien que tu sois minuscule et lui énorme, l'influence que tu exerces sur lui est considérable. C'est pourquoi la responsabilité te revient de réfléchir aux consignes que tu donnes à ton éléphant. Tu dois appendre à collaborer avec lui en vue de travailler de concert à la réalisation d'objectifs communs. »

« Vous voulez dire que mon éléphant cherche à se rendre à l'Oasis lui aussi ? » demanda Flam en secouant sa petite tête de fourmi incrédule.

« C'est là une chose qu'il te faudra découvrir par toi-même. Tu dois penser à ton éléphant comme s'il était une extension de ton être intérieur. »

« Euh ?... »

Laisse-moi t'expliquer la chose autrement. Tout seul, il te faudrait mettre beaucoup de temps pour atteindre ton objectif de trouver le chemin de l'Oasis. Compte tenu de ta grosseur et de la distance qui t'en sépare, cela pourrait même te prendre des années. Toutefois, si tu arrives à bien diriger ton éléphant, la distance sera beaucoup moindre. N'oublie pas, cet éléphant est *deux millions* de fois plus gros et plus puissant que toi. Si tu sais tirer parti de la puissance de ton éléphant, tu puiseras alors à même un énorme réservoir de possibilités. En fait, si tu apprends comment diriger et guider ton éléphant, il n'y a pas de limites à ce que tu pourras accomplir. »

Flam semblait toujours un peu perplexe, c'est pourquoi Brio choisit de poursuivre avec un exemple. Il demanda à Flam de lever les yeux au ciel et de lui dire ce qu'il voyait.

« Je vois le ciel bleu. Et je vois aussi le soleil, qui est beaucoup trop brillant », répondit Flam en se couvrant le front de sa patte gauche avant. « Je vois les nuages, de gros nuages. Et quelques oiseaux aussi. »

« Et que font les nuages au juste ? » demanda Brio.

« Eh bien, ils ne produisent pas de pluie, ils semblent simplement flotter dans l'air ici et là. »

« Et comment font-ils pour flotter ainsi ici et là ? »

« C'est la brise du vent. Le vent les pousse d'une extrémité du ciel à l'autre. »

« Alors, Flam, sans le vent, est-ce que les nuages arriveraient à se déplacer à travers le ciel ? »

« Non, j'imagine qu'ils ne pourraient pas. Il y a les nuages et il y a le vent, mais pour que les nuages puissent se déplacer, il faut que le vent les *dirige*.

« Il en va de même pour les éléphants, souligna Brio, de sa grosse voix vibrante. Flam, il faut que tu acceptes dès maintenant, et une fois pour toutes, le fait que toi et ton éléphant êtes associés intimement dans cette affaire. Tu peux devenir le guide de ton éléphant, tout comme le vent l'est pour les nuages. Plus tard, tu apprendras qu'il peut être un guide, lui aussi. »

Flam se trouvait comme dans un état second. Ces révélations représentaient une grosse bouchée à avaler pour une si petite fourmi.

« Je n'arrive tout simplement pas à accepter le fait que j'ai vécu tout ce temps, sans le savoir, sur le dos d'un éléphant », murmura-t-il. D'emblée, une autre pensée saugrenue lui traversa alors l'esprit. « Un instant ! dit-il. Que pense l'éléphant du fait qu'une minuscule fourmi lui dise quoi faire ? Et, qui plus est, je ne suis pas sûr d'être à l'aise avec l'idée d'avoir un éléphant comme patron, non plus. »

« Ton éléphant jouit de pouvoirs que tu n'as pas, et tu possèdes des dons qu'il n'a pas. Vous ne devriez pas vous considérer mutuellement comme des créatures séparées. Vous formez une équipe qui va, soit travailler de concert, soit agir indépendamment. Ta mission – si tu choisis de l'accepter – consiste à savoir utiliser et contrôler la puissance de ton éléphant en vue d'atteindre l'Oasis. Le choix ultime repose entre tes mains. »

Flam avait l'impression d'entendre une rengaine connue. Il savait en lui-même qu'il était capable de faire à peu près n'importe quoi[1], si cette chose lui permettait d'atteindre un jour l'Oasis.

« Ah oui ! il y a encore un détail dont je dois t'informer, ajouta Brio. Tu peux communiquer avec ton éléphant, mais celui-ci ne peut te parler. »

---

1. Du télémarketing. Être comédien dans des publireportages. Être comédien dans des publireportages de télémarketing.

« Quoi ? Il ne parle pas ? ajouta Flam en pleurnichant. Alors comment vais-je m'y prendre pour lui dire ce qu'il doit faire ? »

« Flam, tu ne vas pas procéder en donnant à Elgo des ordres et en lui disant quoi faire. Tu vas plutôt le guider, l'inspirer, le *motiver*. Tu dois le soutenir et l'aider à atteindre son plein potentiel. »

« Il s'appelle vraiment Elgo ? » dit Flam, comme pour se moquer.

Brio hocha la tête et Flam pouvait apercevoir une petite lueur d'ironie dans les yeux du vieil hibou.

Flam se prit la tête entre les pattes. « Tout cela est si troublant, cria-t-il. Une minute, je suis avec la colonie de mes pairs et la minute d'après, je me retrouve tout seul. Et voici que, pour rendre les choses encore plus déconcertantes, je découvre que j'ai vécu sur le dos d'un éléphant ma vie entière... *Mais attendez un petit instant !*... Qu'est-ce qui m'empêche de me lever et de quitter cet endroit immédiatement pour rejoindre ma colonie ? »

Les yeux de Brio scintillaient. « C'est là une excellente question. Malheureusement, je ne peux t'en fournir la réponse; tout ce que je peux te dire est que si tu pars à la recherche de la colonie de tes pairs maintenant, tu ne pourras jamais atteindre l'Oasis. De plus, tu n'arriveras pas à maîtriser les leçons de *La fourmi et l'éléphant,* et malheureusement, cela implique que tu ne seras jamais le leader que tu as toujours rêvé de devenir. Avant qu'aucune créature ne puisse atteindre le statut de vrai leader pour les autres, elle doit d'abord apprendre à se connaître elle-même. Une fois qu'elle a découvert comment alimenter la flamme de sa vision personnelle, et pris les mesures lui permettant d'atteindre ses objectifs personnels, elle est alors en position pour aider les autres à atteindre leur plein potentiel et les encourager à faire équipe avec elle. »

AVANT DE DEVENIR UN VÉRITABLE LEADER POUR LES AUTRES, TU DOIS D'ABORD APPRENDRE À TE CONNAÎTRE TOI-MÊME.

Brio voyait bien que ses paroles avaient beaucoup de signification pour Flam. Le hibou continua : « En retournant à la colonie de tes pairs maintenant, tu vas retrouver ta vie d'avant, mais si c'est bien là ce que tu veux, je suis prêt à t'indiquer la bonne direction à prendre. Il te faudra un certain temps avant de te rendre à destination, mais tu es certainement capable de faire ce trajet. Toutefois, ajouta Brio en faisant une pause, si tu choisis de travailler avec ton éléphant et d'apprendre ainsi comment communiquer avec ton “moi intérieur” et à l'écouter, tu seras alors capable de découvrir l'Oasis et de retrouver aussi la compagnie de tes pairs de la colonie. Et, ce qui est sans doute plus important encore, une fois que tu auras appris comment diriger le subconscient gigantesque qui se trouve sous toi en ce moment, tu seras en position pour atteindre ton plein potentiel d'efficacité en tant que leader. Ton prochain pas à faire est de choisir laquelle de ces deux options te stimule et te motive le plus, Flam. Tu dois déterminer quel sentier tu veux emprunter et y persévérer; autrement, il ne sortira rien de bon de tout cela, quel que soit le chemin sur lequel tu vas t'engager. Il n'en tient qu'à toi, mon cher. »

Flam devait faire un choix pour lequel plusieurs d'entre nous sont appelés à lutter : il pouvait retrouver sa vie d'avant, qu'il connaissait bien, ou il pouvait faire preuve de courage et relever un tout nouveau défi. La petite fourmi soupesait les enjeux de chacune des deux possibilités attentivement.

Si Flam retournait à sa colonie, cela voulait dire devoir se contenter dorénavant d'un mode de vie qu'il connaissait par cœur et qui ne suscitait en lui que déceptions et inquiétude. Impossible, donc, d'échapper à l'évidence : il lui manquait certaines choses à son travail et ce handicap professionnel nuisait à son efficacité en tant que leader. S'il retournait à la colonie à ce point-ci, il allait continuellement se faire du souci quant à l'opinion de la reine au sujet de son niveau de performance et il passerait chacune de ses journées dans l'angoisse à cause de ses sentiments d'incompétence, et frustré devant les limites qu'il devait affronter.

Mais il pouvait également choisir d'avancer vers l'inconnu et saisir ainsi l'occasion de *découvrir* son véritable potentiel. Et puis, mince ! il arriverait peut-être à découvrir quelle est sa véritable destinée ? Peut-être que cette aventure lui apprendrait des choses sur lui-même. Peut-être, pensait-il, en ressentant le même frisson à nouveau, qu'il découvrirait comment devenir un véritable leader. S'il arrivait à trouver l'Oasis, rien ne pourrait l'empêcher, ensuite, de retrouver également le chemin de la colonie.

Il ne mit pas longtemps avant de prendre sa décision. Il reprit ses esprits et salua illico le sage hibou, en disant : « Monsieur Brio, me voici fin prêt à me mettre au travail ! »

Chapitre 4

Le voyage qu'il vaut la peine d'entreprendre

Brio posa son regard pénétrant sur Flam pendant un long moment : « Es-tu prêt pour ta première leçon, Flam ? » La fourmi sentait que le hibou cherchait à mesurer le sérieux de sa décision. Flam se pencha donc vers l'avant en signe d'acquiescement, prêt à apprendre tout ce que Brio allait lui enseigner. *Comme ce serait merveilleux de trouver enfin le chemin de l'Oasis*, pensait-il.

Brio se racla la gorge et commença la leçon : « Flam, je vais maintenant t'expliquer avec précision comment te rendre à l'Oasis. »

Flam lui coupa alors la parole : « Est-ce vers l'*ouest,* monsieur ? C'est ça, n'est-ce pas ?... Je le savais ! »

Brio tourna la tête d'un côté puis de l'autre, et il répondit : « Non, Flam, la chose requiert davantage que de simplement savoir dans quelle direction s'engager. Pour te rendre à l'Oasis, tu dois d'abord apprendre à guider et à diriger ton éléphant, c'est-à-dire comment collaborer avec lui et l'amener à avancer dans la même direction que toi. Il s'agit là de quelque chose qui est plus facile à dire qu'à faire, en réalité. »

« Oh ! répondit Flam, un peu déconcerté, comment vais-je parvenir à relever un défi pareil ? »

« En parlant son langage, Flam. Le langage des éléphants se définit par la manière dont tu vas répondre aux défis et aux succès rencontrés au cours de ton voyage. Elgo va écouter et se rappeler tout ce que tu diras ou penseras, quoique... »

« Quoique... quoi ? »

« Quoique ces éléphants obstinés n'en font qu'à leur tête, la plupart du temps, et qu'ils ont une mémoire incroyable. Cette mémoire inclut quelques mauvaises habitudes – des penchants funestes en réalité, de même qu'un niveau plutôt chancelant de confiance en soi», ajouta Brio.

«Vraiment?» Flam commençait à se demander dans quel guêpier il venait de se mettre. Tout cela lui paraissait si semblable à ce qui se passait dans la colonie; les fourmis de sa délégation ne voulaient jamais changer leur comportement.

Brio voyait bien que Flam avait recommencé à se faire du souci, c'est pourquoi il continua. «Les éléphants ne remettent jamais rien en question. Ils ont une mentalité qui les porte à se conformer à la manière habituelle de faire les choses. Si on leur suggère quelque chose qu'ils jugent risqué ou difficilement applicable, ils vont opter d'emblée pour le *statu quo*. C'est dans la nature des éléphants de toujours faire ce qu'on leur a enseigné et de s'en tenir à ce qui a toujours été la manière habituelle de faire les choses.»

«Une question d'instinct, n'est-ce pas? Mais n'est-ce pas là une bonne chose? Peut-être qu'Elgo veut nous protéger en agissant ainsi? suggéra Flam. Et pourquoi Elgo n'agirait-il pas de la sorte parce qu'il sent l'imminence d'un danger quelconque?»

«Tu as raison, Flam. Ton éléphant va te protéger du danger. Toutefois, son instinct peut également le porter à essayer de te protéger de quelque chose qui le terrifie, lui. En réalité, de telles situations pourraient se révéler être des occasions de possible croissance pour toi. Il te faut voir ce qui te fait peur comme un ami plutôt qu'un maître; la peur peut se transformer en puissant élément motivateur si tu apprends à la gérer convenablement.»

Flam trouva une petite brindille et une feuille pour prendre quelques notes*. Il pensait qu'il s'agissait là d'un bon conseil à retenir. Il nota donc: ***Voir ce qui me fait peur comme un ami plutôt qu'un maître.*** Il se répéta la phrase intérieurement tandis qu'il la notait sur la feuille. *Je n'en reviens pas!* pensait-il en lui-même. *Ça me rappelle ma délégation de fourmis. Elles étaient*

---

1. C'est la pure vérité. La brindille lui servait de crayon. À vous de tirer la chose au clair.

toujours en train de réagir négativement au changement, et je n'arrivais pas à comprendre pourquoi, mais maintenant je le sais : elles avaient simplement peur de changer !

C'est alors que Flam se mit à réfléchir à sa propre situation. Il se grattait la tête de son antenne droite, cherchant à trouver les mots pour définir ce qu'avait été sa vie jusqu'ici, en pensant à toutes ces choses qu'il avait rêvé de faire, mais n'avait jamais entreprises. Il se sentait contraint de reconnaître que la perspective d'être un leader le remplissait d'angoisse. Il avait une terreur constante de l'échec et, à cause de cela, il n'arrivait pas à faire preuve d'*assurance* quand il dirigeait. Cette nouvelle prise de conscience étonna Flam. Il avait souhaité pouvoir changer son destin durant sa vie entière et n'avait jamais appris comment. Maintenant, il commençait à comprendre que Brio avait raison. Il lui fallait d'abord être un leader pour lui-même avant de pouvoir diriger les autres.

« C'est la raison pour laquelle, Flam, il importe tant pour toi de savoir pourquoi tu ne devrais jamais permettre à la peur de devenir ton maître », renchérit Brio.

« Bien d'accord. Très judicieux, monsieur. » Flam déposa brindille et feuille, et regarda intensément le hibou. « Et pourquoi cela, au juste ? »

« Eh bien, ça semble évident, n'est-ce pas ? Tu ne sais pas ce que tu ne sais pas, dit Brio. C'est là une notion qui te sera très utile avec le temps. *Tu ne sais pas ce que tu ne sais pas.* Par exemple, il y a à peine une heure, tu ne savais pas que tu te baladais sur le dos d'un éléphant. Tu ne savais pas que, pour chacun de tes pas dans une direction, il est possible qu'Elgo ait été en train de marcher dans une direction tout autre, ajouta Brio. Tu dois ouvrir ton esprit de manière à découvrir des possibilités qui ne t'avaient pas paru évidentes, au premier regard. »

« Très vrai, très vrai ! » Flam ramassa brindille et feuille et il nota, sous la première, une nouvelle maxime à mémoriser. ***Tu ne sais pas ce que tu ne sais pas. Ouvre les yeux à de nouvelles possibilités qui ne te semblaient pas évidentes au premier regard.***

« D'abord, ajouta Brio, j'aimerais t'aider à découvrir ce que tu ne sais pas de toi-même. Examinons ce qui se trouve au centre même de ton être, Flam. Qu'est-ce qui se cache à l'intérieur de ce tout petit corps qui est le tien ? Qu'est-ce qui compte vraiment pour toi ? Quelles sont les richesses enfouies dans ton petit cœur en miniature ? »

« Eh bien…, répondit Flam, qui se sentait encore plus petit que d'habitude, *cela* ne me paraît pas trop difficile à répondre. Laissez-moi quelques secondes pour y penser. Voilà ! ça vient… me rendre à l'Oasis ! » Flam leva le poing dans l'air avec enthousiasme en donnant sa réponse.

« Cela te semblera sans doute simpliste comme commentaire, Flam, mais il te faut pousser ta réflexion par rapport à *ce qui est le plus important pour toi* le plus loin possible. Et, pour ce faire, il te suffira de te poser une seule question, qui est la suivante : *Pourquoi ?* »

« C'est drôle. Comme tu es un hibou, je m'attendais plutôt à la question : *Où… où… où…* », répliqua Flam, le sourire moqueur[1].

---

1. Le sens de l'humour des fourmis s'apparente à celui des éclaireurs et des scouts.

Brio n'appréciait pas ce genre d'humour. « As-tu autre chose à ajouter, petite fourmi ? »

« Non, monsieur, excusez-moi », répondit Flam.

« Bon, continua Brio. Lorsque tu n'arrives plus à trouver de réponse à la question *pourquoi,* c'est que tu as atteint ce que j'appelle le *cœur* d'un phénomène. Flam, pense à une noix de coco. Lorsqu'elle est coupée en deux, on voit bien qu'elle est constituée d'un certain nombre de couches. Son enveloppe fibreuse et dure est difficile à percer. Puis, il y a une couche plus dure qui doit être brisée. Il y a ensuite une couche tendre et charnue. Finalement, au cœur de la noix de coco, se trouve le nectar délicieux, tel un trésor. Chacune des couches semble servir de protection à la suivante. Ton cœur est comme celui de la noix de coco; pour atteindre les trésors qui se trouvent à l'intérieur de toi, tu dois chercher à répondre à la question *pourquoi*. »

« Mais Brio, je sais quel est mon objectif dans la vie; je désire me rendre à l'Oasis. Alors pourquoi ai-je besoin de découvrir ce qu'il y a au fond de mon cœur ? »

« Excellente question, petite fourmi. Ce qui se trouve dans ton cœur est ce qui dirige chacune de tes actions. C'est la réponse à la question : *Qu'est-ce qui me fait me sentir pleinement vivant ?* répondit le sage hibou, dont le plumage était hérissé par un frisson délicieux. Je veux que tu réfléchisses à ce que tu aimes le plus faire. Puis, que tu te demandes pourquoi tu aimes cette chose autant. »

« Mais comment cela va-t-il m'aider à découvrir l'Oasis ? » répliqua Flam.

« Mon cher Flam, avant d'entreprendre n'importe quel voyage, tu dois savoir pourquoi une telle aventure vaut l'effort que tu investiras dans l'entreprise. Ton cœur – là où se trouve la réponse à la question *pourquoi* – demeurera une valeur sûre tout au long de ta vie. Il est essentiel à ton bonheur, à ta découverte de l'Oasis, de même qu'à l'atteinte de tout autre objectif que tu te seras fixé. Tes *pourquoi* te pousseront en avant même lorsque ton éléphant voudra foncer dans la direction opposée. Tes *pourquoi* te permettront de progresser sur la route de l'Oasis même lorsque tu te sentiras épuisé, bouleversé ou anxieux. Tes *pourquoi* maintiendront ton regard fixé sur tes objectifs, avec une vision claire des enjeux, même lorsque d'autres fourmis chercheront à te persuader que ton objectif n'a pas tant d'importance, après tout. En fait, tes *pourquoi* ont presque autant de valeur que l'Oasis elle-même – car impossible de t'y rendre sans cette étape cruciale. »

« On dirait que c'est là un concept pas mal puissant », dit Flam, en notant pour lui-même : ***Clarifier ma vision. Me concentrer sur un objectif qui a une valeur profonde. Le voyage doit en valoir la peine.***

« D'accord, monsieur Brio, je vous crois sur parole, conclut Flam. Et quand j'aurai compris la réponse à mes *pourquoi,* je saurai aussi *où... où... où...* vous trouver !... »

Cette fois-ci, Brio ouvrit le bec en esquissant un très bref sourire et il roula ses gros yeux. « Dis donc, tu n'arrêtes jamais de faire des blagues, toi... » Il inclina son corps de côté, déploya ses grandes ailes et s'envola.

Points à retenir pour Flam au sujet de lui-même

LEÇON 1

CLARIFIER MA VISION

- Apprendre à voir mes peurs comme un ami plutôt qu'un maître.

- Je ne sais pas ce que je ne sais pas. Ouvrir mon esprit en vue de découvrir des possibilités qui ne me paraissaient pas évidentes au premier regard.

- Me concentrer sur un objectif qui a une valeur profonde. Le voyage doit en valoir la peine.

Chapitre 5

Devenir conscient de ce qui se passe vraiment

Il s'était écoulé trois jours et trois nuits depuis que Brio avait appris à Flam qu'il vivait sur le dos d'Elgo. La chaleur des journées était torride et les nuits étaient plus fraîches à cause de la brise. Pour autant que Flam pouvait le percevoir, de là-haut, sur la tête de l'éléphant, ils se dirigeaient quelque part, mais la fourmi n'aurait pas pu dire vers quelle destination. Il se demanda si Elgo savait au juste dans quelle direction avancer. Si seulement il avait pu demander la chose à l'éléphant et obtenir de lui une réponse claire à ce sujet. Quel défi que celui auquel il devait maintenant faire face.

Il en était toujours à tenter de maîtriser la première leçon de Brio, et cela semblait exiger beaucoup plus d'énergie et d'efforts qu'il ne l'avait d'abord imaginé. Il ne cessait de se répéter: *Pourquoi est-ce que je désire me rendre à l'Oasis ? Pourquoi cet objectif a-t-il tant d'importance pour moi ? Qu'est-ce qu'il y a au fond de mon cœur ? Ai-je seulement un cœur ? Brio m'assure que c'est le cas – il doit certainement avoir raison. Mais de quoi mon cœur est-il fait au juste ?...*

Flam essaya de concentrer son attention sur Elgo et sur ce qui se passait dans l'énorme crâne de l'éléphant. Il colla même sa petite oreille sur la tête du pachyderme dans l'espoir d'entendre quelque chose. Parfois, il n'entendait absolument rien; c'était comme si la monotonie de cette longue marche à travers la savane, vu la chaleur extrême, avait fini par faire bouillir le pauvre cerveau d'Elgo. On aurait dit qu'il ne faisait que vadrouiller çà et là indéfiniment, du début à la fin de la journée.

Comme de nombreuses autres créatures de la savane, les éléphants ont tendance à graviter naturellement autour de ce qui leur procure plaisir et sentiment de félicité. Pour Elgo, cela voulait dire passer la journée étendu dans la boue lorsque le temps est chaud et sec, l'estomac plein de verdure luxuriante et le reste du troupeau à proximité. Malheureusement, la sécheresse s'était installée, cette année-là, et il n'y avait pas beaucoup de verdure ni de trous de boue en vue. Et, pour ce qui était du reste du troupeau, Elgo n'avait aucune idée où se trouvaient ses congénères. Les temps étaient difficiles pour tout le monde. Le groupe s'était séparé parce qu'il ne semblait pas y avoir assez de nourriture pour que chacun y trouve son compte, et cela avait provoqué une certaine consternation parmi les éléphants. Ils avaient donc décidé que chacun avait plus de chances de s'en tirer en faisant cavalier seul.

Toutefois, tandis que Flam et Elgo faisaient route ensemble, Elgo se mit bientôt à rêvasser aux choses dans la vie qui le rendaient le plus heureux, bien qu'il sache qu'il n'avait, en réalité, que peu de chances d'en faire l'expérience concrète dans un avenir proche. Le simple fait de rêver à ces choses – comme l'effet rafraîchissant de la boue sur ses pattes, le goût amer des pousses de végétation fraîchement arrachées au sol et la franche camaraderie qui régnait entre ses pairs, les éléphants – imprima sur sa bouche un large sourire d'éléphant. Il agita sa trompe de part et d'autre, et fit claquer ses deux grandes oreilles qui ballottaient dans l'air. Il s'amusait à sentir la brise provoquée par le mouvement de sa trompe et de ses grandes oreilles sur ses pattes de devant. Des tas de pensées agréables flottaient en traversant l'esprit du pachyderme.

Pendant qu'Elgo s'amusait ainsi à rêvasser, Flam devint conscient d'un vrombissement sourd provenant du sol, sous ses pieds. Il colla son oreille sur la tête de l'éléphant et il constata que ce vrombissement provenait d'Elgo lui-même, qui était en train de marmonner quelque chose. Flam pouvait sentir les vibrations des cordes vocales de l'éléphant à travers sa peau épaisse. Non seulement pouvait-il entendre l'air de musique, il arrivait également à en sentir l'effet dans son corps entier. Comme la sensation était agréable ! Flam s'étendit de tout son long sur le dos et laissa le vrombissement lui masser doucement le corps. Il se mit même à fredonner la mélodie, de concert avec l'éléphant. Il va sans dire que, étant donné le format plutôt réduit de la bestiole comparé à l'éléphant, Flam fredonnait la mélodie quelques octaves plus haut que son compagnon.

Étendu ainsi sur le dos, Flam ferma les yeux et il s'imagina aussitôt Elgo vautré dans la fraîcheur d'un trou de boue. Dans sa tête, il pouvait voir l'éléphant heureux balancer la tête d'un côté et de l'autre. Flam sourit à cette pensée. Depuis qu'il avait appris toutes ces choses de Brio au sujet de son éléphant, c'était comme si un tout nouveau monde s'était ouvert à lui. Il était devenu attentif à des sons, à des sentiments et à des pensées qu'il n'avait jamais remarqués auparavant.

C'est alors que quelque chose se produisit. Le vrombissement s'interrompit. Tout à coup, l'image horrible de dents menaçantes se précisa dans son esprit. Il sauta rapidement sur ses pieds et jeta un coup d'œil aux alentours pour voir ce qui se passait. Il entendit Elgo émettre un cri guttural, et il vit apparaître, bondissant de deux buissons touffus derrière l'éléphant, deux lions, un mâle et une femelle. Il n'y avait aucun doute – ces nobles animaux maraudaient pour trouver quelque chose à se mettre sous la dent et ils étaient prêts à se battre pour l'obtenir. Elgo, pour sa part, n'avait aucune intention de se voir transformer en prochain repas d'un quelconque animal. Il réagit instantanément, poussé par son instinct, et lança un autre cri guttural – cette fois si fort que le son retentit en faisant écho à travers la savane entière.

Les félins poussèrent un rugissement féroce et se préparaient à attaquer. Flam était terrifié ! Il se cacha la tête avec ses pattes de devant et se mit à prier de toutes ses forces.

À sa grande surprise, Elgo se mit à charger en direction des lions. De la terre et des débris volaient dans toutes les directions, tandis que le poids lourd fonçait sur ses attaquants. La vitesse de l'éléphant entraînait un tel déplacement d'air que les antennes de Flam se trouvèrent aplaties sur sa tête. Les défenses d'Elgo se révélèrent être des armes si terrifiantes que les lions ne savaient plus trop comment réagir. Le temps de le dire, l'attaque des lions se changea en repli et ils furent contraints de battre en retraite en s'enfuyant à toute vitesse pour trouver refuge ailleurs.

Flam grimpa vite sur la tête d'Elgo pour assister au spectacle. Il n'avait jamais pensé qu'Elgo pouvait se déplacer avec autant de rapidité. Il faut dire qu'il venait à peine de découvrir l'existence du mastodonte !

La fourmi se leva sur ses deux pattes de derrière : « Trouillards de gros chats ! leur lança-t-elle. Des rois de la jungle, ces minets ? *Ha !* Nous allons vous montrer qui fait vraiment la loi dans la savane ! » Puis Flam se mit à rouler des hanches en imprimant à ses épaules un mouvement opposé. Elgo se rendit compte que Flam était en train de danser et il se mit joyeusement à faire de même : il balançait sa trompe dans tous les sens, il faisait claquer ses grandes oreilles et il martelait le sol de ses grosses pattes. Il dandinait aussi son énorme derrière en balançant ses larges hanches. Si vous n'avez jamais eu le privilège de voir un éléphant danser le twist, croyez-moi, c'est un spectacle à ne pas rater[1].

Puis, au beau milieu d'une torsion, Elgo s'arrêta soudain pour scruter attentivement du regard un bosquet d'arbres. Il se pencha vers l'avant pour y jeter un coup d'œil plus circonspect et regarder la chose de plus près. Avant que Flam ait pu comprendre ce qui se passait, le pauvre Elgo se mit à reculer en vitesse en direction d'où ils étaient venus.

Cette fois, le cri d'Elgo se faisait plus strident et traduisait une réelle panique. Tandis qu'Elgo revenait sur ses pas tant bien que mal en trébuchant, Flam tomba à la renverse. Lorsque la petite fourmi réussit à reprendre pied, elle regarda derrière pour chercher à découvrir ce qui avait bien pu provoquer une telle réaction de panique chez Elgo.

Au milieu du nuage de poussière parmi le bosquet d'arbres, Flam aperçut quelque chose dont il n'arrivait pas à bien mesurer la portée. Selon toute apparence, il comprit qu'Elgo avait perçu

---

1. Pensez au programme minceur de Richard Simmons..., mais en plus gros..., et sans le collant aux couleurs choquantes.

la présence réelle et indubitable de souris – non pas une seule, mais une colonie au complet. Et là, derrière eux, se trouvait un groupe de souris offusquées et montrant une certaine arrogance, levant le poing en direction de l'éléphant effrayé.

« Ah ! les petites pestes... », se dit Flam, jusqu'à ce qu'il se rende compte que quelques-unes de ces souris s'étaient mises à lancer des framboises dans leur direction.

Il grimpa à nouveau sur le dessus de la tête d'Elgo et dirigea son regard par-delà le côté pour s'adresser à l'éléphant.

« Est-ce que je rêve ou quoi ? Tu viens tout juste de chasser non pas un mais deux lions; et voici que tu trembles devant quelques minuscules souris. Mais tu agis d'une manière totalement irrationnelle, Elgo ! On dirait que tu ne réfléchis pas lorsque quelque chose se produit, mais que tu ne fais que réagir. Qu'est-ce qui ne va pas avec toi ? »

Flam était réellement confondu. Il n'arrivait pas à croire que l'éléphant soit si capable de se battre pour défendre sa vie, et que, un instant après, il prenne la poudre d'escampette en fonçant dans la direction d'où il était venu, comme une vraie mauviette – et devant des souris, qui plus est !

« C'est complètement ridicule », lança-t-il en levant deux pattes au ciel.

Flam s'étendit de tout son long sur le cuir bosselé de l'éléphant et se mit à réfléchir avec intensité. C'était le moment par excellence de vérifier s'il pouvait vraiment communiquer avec l'éléphant. Il se concentra sur des pensées relaxantes et parla calmement : « Détends-toi, inspire profondément. » Flam ne mit pas longtemps avant de constater que c'était là exactement ce qu'Elgo était en train de faire.

***

Cette nuit-là, Flam réfléchit à ce qui venait d'arriver. La chose lui rappelait le passé, alors que la vue d'un serpent suspendu à un arbre tout près avait provoqué une vague de panique dans la colonie de ses congénères. Les fourmis s'étaient enfuies et elles étaient demeurées cachées tout le reste de la journée. Et même après que le serpent se fut glissé au loin depuis un bon moment, Flam n'avait pas réussi à persuader les membres de son équipe de sortir de leur cachette et de se remettre au travail. *La peur est comme le sable mouvant,* pensa-t-il. *Une fois que vous y mettez le pied, vous vous sentez aspiré vers le fond.*

Flam comprit qu'il y avait une certaine similarité entre le rapport qui le liait à Elgo et celui qu'il avait entretenu avec les membres de son groupe de travail. Autant il avait ressenti le besoin que son équipe travaille fort, de manière à ce que la reine soit satisfaite de la performance de sa délégation, autant, maintenant, il avait besoin qu'Elgo finisse par atteindre l'Oasis. Évidemment, il y avait un revers à la médaille. Flam avait besoin de découvrir comment motiver son groupe de travail d'une manière qui lui permette d'atteindre ses objectifs, et il avait maintenant besoin de savoir comment motiver Elgo de manière à ce qu'il avance dans la bonne direction.

Flam comprit que pour atteindre l'Oasis un jour ou l'autre, il fallait que les objectifs d'Elgo soient alignés parfaitement sur les siens.

Chapitre 6

Savoir mettre à profit le pouvoir des émotions

Le jour suivant, le soleil apparut à l'horizon, telle une grosse boule incandescente, gravissant lentement la pente du ciel à l'est. La savane bourdonnait d'activité, ce qui était évident non seulement pour les oreilles, mais également pour les yeux. Dans les arbres au loin, le chœur des volatiles se faisait entendre en deux groupes distincts : une volée d'oiseaux gazouillait sa félicité tandis qu'un autre groupe signifiait son mépris à l'égard de tout ce qui bougeait en émettant des petits cris rauques. Les cigales remplissaient l'air du matin de leurs vagues ininterrompues de bruit blanc. Des petits animaux à fourrure couraient çà et là en quête d'abri, conscients de leur vulnérabilité devant les serres des oiseaux de proie planant en équilibre tout là-haut, au gré des courants chauds.

Flam s'affairait en quête de nourriture lorsqu'il entendit un battement d'ailes au-dessus de lui et vit apparaître Brio, qui se posa à ses côtés, sur le dos d'Elgo. Flam se réjouit du retour du sage hibou et ils se préparèrent pour la leçon suivante.

« Il y a cinq plans d'action que je vais te demander d'incorporer à ton mode de vie, au cours des prochaines semaines, mon cher Flam. Ces plans d'action sont des outils qui vont t'aider à atteindre tes objectifs..., *ton* oasis, si tu préfères. »

« Je suis prêt, Brio, dit Flam sur un ton énergique, tenant sa brindille et sa feuille à la main. Dites-moi quels sont ces cinq plans d'action. »

« Ça viendra en son temps, mon petit ami, lui répondit Brio en levant les ailes pour les secouer légèrement. D'abord, je veux que nous discutions de quelque chose. »

« Bien sûr, lâchez le morceau », répliqua Flam.

« Souviens-toi, Flam, lorsque nous avons parlé de la noix de coco et des différentes couches qui entourent son cœur. »

« Oui, répondit Flam, fier de pouvoir suivre le fil de la pensée de Brio. Vous m'avez demandé de réfléchir à ce qui se trouve au cœur même de mon être à moi. »

« C'est exact, Flam. Maintenant, quand nous avons parlé la dernière fois, tu m'as confié que ton objectif était de te rendre à l'Oasis. Te souviens-tu du fait que nous avons abordé l'épineuse question d'en trouver le *pourquoi* ? »

« Oui, bien sûr que je me rappelle », répondit Flam. Il avait passé l'essentiel de ses dernières journées à chercher la réponse à ce fameux *pourquoi*.

« Ton objectif est de te rendre à l'Oasis – mais *pourquoi*, Flam ? As-tu finalement compris pourquoi cela semble si important pour toi ? »

Flam respira à fond. « J'y ai beaucoup réfléchi, en effet, Brio. La raison pour laquelle je veux me rendre à l'Oasis est la suivante : je crois que je serais en mesure de vivre une vie parfaite là-bas. Je n'aurais plus besoin de chercher de quoi manger et me désaltérer. Je n'aurais plus besoin de m'inquiéter au sujet des lions et des tempêtes, ni de me glisser sous l'oreille d'Elgo pour réussir à échapper aux rayons du soleil. En fait, dans l'Oasis, ma vie serait sous le signe de la perfection. »

« Et *pourquoi* cela ? »

« Eh bien ! je n'aurais pas besoin de gaspiller mes énergies à lutter si fort pour la survie. J'aurais le loisir de consacrer tout mon temps à d'autres activités qui comptent vraiment pour moi. C'est pourquoi le projet de vivre à l'Oasis est la chose la plus importante pour moi. »

« Et *pourquoi* cela ? » insista Brio avec une certaine délicatesse.

« Eh bien ! à l'Oasis, je serais libre de penser à autre chose. Je n'aurais plus à m'inquiéter pour savoir si je réussirai à me tirer d'affaire – j'aurais la liberté de faire preuve de curiosité[1]. »

« Et *alors...* »

« Alors, je retrouverais tôt ou tard la compagnie de mes pairs de la colonie, et je serais en mesure de me montrer un meilleur leader pour ma délégation parce que je sais maintenant combien cela est important pour moi. »

« Et *alors...* »

« Alors, une fois devenu libre de vivre au lieu de simplement survivre, et une fois devenu le meilleur leader possible pour mes congénères les fourmis, eh bien, je crois que je serais la fourmi la plus heureuse du monde entier. »

Brio fit une pause pour permettre à Flam de mesurer l'ampleur de ce qu'il venait tout juste d'affirmer.

« Eh bien ! Flam, il me semble que tu as découvert trois de tes expériences les plus fondamentales : la liberté de te montrer curieux, l'aspiration à devenir un type de leader que tes congénères auraient envie de suivre et le loisir de vivre une vie de félicité », dit Brio.

Flam sourit. « D'accord, mais comment faire en sorte que cela se réalise ? J'aimerais qu'on s'y mette tout de suite. Dites-moi quels sont les bons outils pour y parvenir, ô Grand Sage aux ailes majestueuses. »

Les yeux de Brio étincelèrent un bref moment devant l'impatience[2] un tant soit peu bon enfant de la fourmi, mais il se contenta néanmoins de lui répliquer : « Reprends ta brindille et ta feuille, Flam, car je vais te révéler quel est le premier plan d'action. Il te faut découvrir le *vrombissement d'éléphant,* dit Brio, sachant qu'il aurait à lui donner quelques mots d'explication. Flam, tu ne dois jamais sous-estimer le pouvoir des

---

1. Fourmi noire célibataire recherche plénitude, bouffe, environnement de type oasis, habiletés de leadership en vue d'un style de vie axé sur le batifolage et l'actualisation de soi. Individus ayant tendance à faire des réserves de nourriture, prière de s'abstenir.

2. L'impatience est le lot de tout le monde. Prenez donc rendez-vous avec un médecin.

émotions dans la vie. En demeurant attentif aux émotions qui t'animent, tu découvriras ce qui te motive. Tes passions sont le carburant qui alimente ta vision. Les émotions sont des sentiments profonds – dépassant en profondeur tout ce dont est capable ton extraordinaire intellect de fourmi, et elles sont profondément enracinées dans le cerveau de l'éléphant aussi –, car tout ce que tu ressens, Elgo le ressent également. Tu seras en mesure d'inspirer ton éléphant en demeurant très attentif à tes émotions. »

Flam semblait un peu perplexe, mais il nota néanmoins l'information. ***PLAN D'ACTION N° 1 : Découvrir le vrombissement d'éléphant. Découvrir l'émotion qui alimente ma vision. Inspirer mon équipe par le biais de l'émotion. Ne jamais sous-estimer le pouvoir des émotions.***

Flam jeta un coup d'œil à ce qu'il venait d'écrire et y réfléchit une minute. Il comprenait ce que Brio voulait dire en parlant d'émotion, mais il se demandait bien ce que pouvait être un *vrombissement d'éléphant*. Il regarda le hibou en fronçant les sourcils : « De quoi diable êtes-vous en train de parler, au juste, monsieur Brio ? »

« Je sais que cela te paraît étrange, mais essayons de comprendre un peu mieux le concept, si tu le veux bien. Flam, je veux que tu m'expliques plus en détail comment serait ta vie si tu te trouvais dans un endroit ou une situation où les trois expériences fondamentales auxquelles tu aspires se voyaient concrétisées. Quelle serait ta vie au juste si tu jouissais de la liberté de te montrer curieux, d'être un leader qui vaut la peine qu'on le suive et de profiter de la vie de la manière dont tu as toujours rêvé, c'est-à-dire dans la félicité la plus totale ? »

« Pour cela, il me suffirait de décrire l'Oasis, répondit Flam avec conviction, car, pour moi, l'Oasis est un endroit qui déborde d'activité et il est plein de vie. C'est un lieu où l'on trouve une nourriture abondante et où il y a des tas de choses à découvrir. Dans l'Oasis, il existe d'autres colonies de fourmis où j'aurai peut-être le privilège d'enseigner les leçons de l'histoire de *La fourmi et l'éléphant* – toutes ces choses que vous êtes en train de m'apprendre. L'abondance ruisselle dans l'Oasis. Je n'en ai aucun doute : c'est l'endroit où connaître la félicité. »

« Fantastique ! dit Brio. Maintenant, décris-moi en détail les choses importantes dont tu ferais l'*expérience* dans l'Oasis. Assure-toi de n'omettre aucun de tes cinq sens dans ta description. »

Flam ferma les yeux et se mit à réfléchir très fort. Il voyait, dans son imagination, le cycle complet de la vie en train de vibrer, plein d'une énergie exubérante. Des jours merveilleux et ensoleillés baignaient la vie paisible d'un foisonnement d'animaux, de plantes et d'insectes. La pluie alimentait une végétation luxuriante d'arbres et de prairies. Le miroir frissonnant des lacs reflétait le vol d'oiseaux s'amusant dans le ciel et dansant entre les nuages. Sous la surface de ces étendues d'eau fraîche et limpide, les poissons filaient à toute allure entre les pattes des hippopotames en train de flâner au milieu des joncs en se dandinant au gré du courant. Les oiseaux gazouillaient à l'abri dans le feuillage des arbres, tandis que grenouilles et criquets gardaient le rythme à ras le sol de la forêt. Le soleil perçait çà et là de ses rayons le ciel de lit que formait la végétation tropicale.

« Voyons voir, commença Flam, qui essayait de mettre en mots sa vision merveilleuse. Je me tiens au milieu d'un groupe formé de mes amies les fourmis – de toutes celles que je n'ai pas revues depuis si longtemps et qui me manquent terriblement. Nous célébrons le premier anniversaire de mon arrivée à l'Oasis. Je peux *percevoir* les couleurs vibrantes de tout ce qui nous entoure, autant les teintes verdoyantes de la nature, celles du ciel azur que celle du gris de la peau de mon éléphant, Elgo. Je peux *entendre* le bruit délicieux de l'eau d'une cascade au loin, de même que le murmure de la brise légère agitant les énormes feuilles de palmier au-dessus de nos têtes. Je peux *sentir* l'odeur du chèvrefeuille, des cocotiers et de la nourriture que nous avons préparée pour le festin. Je peux *sentir* également mes antennes s'agiter et se frotter à celles des autres fourmis tandis que nous dansons toutes ensemble. » Flam ouvrit un œil. « Alors, comment c'était ? »

« Pas mal, répondit Brio en affichant la mine satisfaite d'un sage professeur, mais maintenant, je désire que tu imagines les sentiments qui seraient les tiens dans un tel environnement.

Laisse monter les émotions qui te viennent en imaginant que tu te trouves à cet endroit en ce moment. »

Flam ferma les yeux à nouveau et se concentra plus intensément encore qu'il ne l'avait jamais fait auparavant. Les images de l'Oasis apparurent bientôt, comme des vagues qui inondaient son petit corps.

« Le sentiment que je ressens est la satisfaction la plus totale », dit-il à haute voix, les yeux toujours fermés. Il imaginait les membres de son équipe assis ensemble sur un tronçon d'arbre, après une longue journée consacrée à un travail qui en valait la peine. Les uns rigolaient, les autres racontaient des blagues ou réfléchissaient tout haut à comment il faudrait s'y prendre pour toujours mieux faire le travail du lendemain. Ils se sentaient enthousiastes à l'idée de faire partie de l'équipe de Flam.

« Je me sens lié intimement à mes collègues fourmis ! dit-il en se mettant debout. Je suis fier de mon équipe, et je suis fier de moi, également ! Même mon équipe est fière de *moi* ! »

Un certain sentiment commençait à occuper tout l'espace de son petit corps. On aurait dit qu'il montait de ses pattes jusqu'à sa tête, comme grimpe le mercure du thermomètre. Il ouvrit les yeux et se mit à crier avec allégresse : « Je me sens si vivant, Brio, je me sens *vivre* enfin ! »

Tout à coup, l'énorme éléphant sous les pattes de Flam frémit, ce qui fit tomber la pauvre petite bestiole à la renverse, les yeux écarquillés.

« Que s'est-il passé au juste ? » dit-elle en poussant un cri de surprise.

« C'est justement ce que tu souhaites qu'il t'arrive, Flam, dit Brio avec une certaine animation. Tu viens de faire l'expérience d'un *vrombissement d'éléphant*. Cette réaction de ton éléphant est exactement ce dont je t'avais parlé. Elgo et toi êtes liés d'une manière très spéciale. Ce que tu *penses* se communique à ton éléphant. Que tu le croies ou non, Flam, tu peux devenir un bon leader pour Elgo si tu conserves ce genre de sentiment dans ton esprit le plus souvent possible. »

« Vous voulez dire que chaque fois que je pense à combien ce serait merveilleux de vivre à l'Oasis, Elgo est capable de penser et de ressentir la même chose que moi ? »

« À peu près exact. Et voici la partie la plus importante : lorsque tes pensées et tes rêves seront alignés sur quelque chose qui a de l'importance pour ton éléphant, cela produira alors une réaction. »

« Que voulez-vous dire au juste, monsieur Brio ? »

« Eh bien ! si tes objectifs rencontrent ceux d'Elgo, et si vous partagez les mêmes sentiments quant à l'importance de les réaliser, alors vous serez unis en pensée. Vos objectifs communs – de même que les sentiments que ceux-ci engendrent – auront alors un effet considérable sur votre travail d'équipe. »

Brio poursuivit. « Flam, il est bon de te rappeler que le cerveau d'Elgo est approximativement deux millions de fois plus grand que le tien, et que ton esprit brille d'une intelligence incroyable. Cela veut dire que la sagesse enfouie dans la boîte crânienne de ton éléphant est considérable. Le défi pour toi consiste à découvrir ce qu'est cette sagesse. Le *vrombissement d'éléphant* te sera un outil très utile pour mesurer si tes idées concordent avec les rêves d'Elgo. Lorsque tu visualises telle ou telle idée et que tu la communiques à Elgo, il se peut que tu reçoives un signe évident de sa part sous la forme d'un frisson d'éléphant; la pensée et le corps sont intimement liés. Si tu ressens ce vrombissement monter et descendre le long de ta colonne vertébrale, fais bien attention. Tu dois accorder un intérêt soutenu à tout ce qui stimule et fait réagir ton éléphant. Ensuite, il te faut discerner ce qui l'a stimulé ainsi. Le *vrombissement d'éléphant* constitue un signe qui t'assure que tu te trouves sur le bon chemin avec lui. Une fois que tu auras appris à reconnaître le *vrombissement d'éléphant,* tu sauras que tu es en mesure de communiquer avec ton partenaire d'une manière efficace. Cela te permettra de comprendre mieux ce qu'Elgo considère comme une vie de félicité et, en faisant cela, tu seras capable de l'inspirer et de le motiver. »

« Rappelle-toi, ajouta Brio pour mettre la fourmi en garde, l'importance de cultiver et de développer ce lien harmonieux entre vous deux durant les périodes de tranquillité, lorsque vous n'êtes pas dérangés par quelque chose. C'est là ce que j'appelle "faire l'expérience de sa vision intérieure". Le fait d'imaginer tes objectifs à venir de cette manière te donnera la capacité d'entrevoir en quelque sorte l'avenir, ou de t'en inquiéter, ou les deux. Lorsque tu ressens une certaine anxiété, cherche à en connaître le pourquoi. Il te faut trouver les raisons qui t'amènent à réagir de cette manière. Tu dois découvrir également quelles sont les conséquences possibles pour toi de poursuivre tel ou tel objectif. Et, ce qui est plus important, tu dois pouvoir mesurer quel pourrait être la conséquence pour toi de ne pas poursuivre une démarche qui a provoqué chez toi un *vrombissement d'éléphant*. Il faut te demander si le sentiment qui t'animerait alors serait le regret et si tu serais satisfait de continuer à vivre avec un tel regret.

Flam souligna les quelques mots inscrits sur sa feuille: ***Ne jamais sous-estimer le pouvoir des émotions.*** Il déposa sa brindille et se mit à réfléchir.

« *Wow!* s'exclama-t-il. Savez-vous, monsieur Brio, l'autre jour, j'ai vraiment senti que je communiquais avec Elgo. J'étais en train de rêvasser à quelque chose et j'ai senti le sol – c'est-à-dire l'éléphant sous moi – se mettre à fredonner. Et mince alors !

c'était la toute première fois que je sentais combien Elgo et moi formons vraiment la paire. Maintenant – dites-moi si j'ai bien compris la chose – vous m'affirmez que je devrais non seulement avoir une conversation avec mon éléphant, mais que je devrais également être très attentif à la réponse que je reçois d'Elgo. Je devrais l'*écouter* avec soin. »

« Chaque fois que tu en as l'occasion, Flam, tu devrais *expérimenter ta vision intérieure* et voir comment réagit ton éléphant. De cette manière, Elgo gardera ta vision bien enregistrée dans sa formidable mémoire. »

« Alors, tout ce que j'ai à faire est de m'entraîner à imaginer toutes sortes d'expériences et mon éléphant va se mettre à réagir avec son fameux vrombissement ? » demanda Flam.

« En effet, mais il y a des exceptions, répondit Brio. Par exemple, tu pourrais essayer d'imposer à Elgo une vision qui a beaucoup d'importance pour toi, mais très peu pour lui. Cela aurait alors pour résultat de n'entraîner absolument aucun *vrombissement d'éléphant.* »

« Euh ! ? » grommela la fourmi en penchant la tête de côté et en croisant les yeux pour provoquer un certain effet.

Brio, faisant mine d'ignorer la mimique dramatique de la fourmi, répondit : « Mon petit ami, tu as déjà pas mal de choses à digérer pour aujourd'hui. Et il t'en reste encore bien d'autres à mâchouiller, mais pour cela, il te faut attendre la prochaine

leçon. Je dois prendre congé, car j'ai une affaire urgente à régler de l'autre côté de la savane. Des oiseaux et des écureuils qui n'ont pas encore appris qu'il leur faut partager le même arbre, et je crois que je peux les aider. »

« Eh bien, que me reste-t-il à faire maintenant ? » demanda Flam.

« Durant mon absence, je veux que tu peaufines ton expérience du *vrombissement d'éléphant*. Je veux que tu te mettes au diapason de ton éléphant et que tu commences à ressentir ce qu'il ressent. Je veux que tu te branches sur ta propre intuition et que tu expérimentes ta vision intérieure. Ce qui compte, c'est de cerner ce qui te semble fait sur mesure pour toi. Laisse aller ton imagination en utilisant tes cinq sens, et laisse monter les sentiments de plaisir intense qu'engendre ta vision de la vie dans l'Oasis; ensuite, porte ton attention sur la manière de réagir d'Elgo. Est-il uni à toi dans ta vision intérieure ? A-t-il fortement envie lui aussi de vivre à l'Oasis ? Demande-toi *pourquoi* ta vision devrait avoir aussi de l'importance pour Elgo. »

Sur ces paroles, Brio prit son envol. Il s'éleva en tournoyant dans le ciel, au-dessus de la cime des arbres, tandis que ses puissantes ailes profitaient des courants chauds. Flam observa la scène tandis que son ami l'oiseau montait en spirales, s'élevant de plus en plus haut, jusqu'à ce qu'il ne soit plus qu'un point noir de la grosseur d'une fourmi disparaissant dans le vaste ciel.

Points à retenir pour Flam au sujet de lui-même

LEÇON 1

CLARIFIER MA VISION

- Apprendre à voir mes peurs comme un ami plutôt qu'un maître.

- Je ne sais pas ce que je ne sais pas. Ouvrir mon esprit en vue de découvrir des possibilités qui ne me paraissaient pas évidentes au premier regard.

- Me concentrer sur un objectif qui a une valeur profonde. Le voyage doit en valoir la peine.

PLAN D'ACTION N°1 : Trouver le *vrombissement d'éléphant*. Trouver l'émotion qui alimente ma vision. Motiver mon équipe par le biais des émotions. ***Ne jamais sous-estimer le pouvoir des émotions.***

Chapitre 7

Créer des pensées positives déterminantes

Flam était emballé par sa nouvelle stratégie de faire frissonner Elgo d'anticipation, lorsqu'ils fixaient tous deux leur attention sur une vision commune, mais il ne pouvait chasser l'idée que le gros éléphant garderait sa propension néfaste à s'élancer dans une mauvaise direction. En fait, Flam était même persuadé que le chemin sur lequel Elgo se trimballait en ce moment n'était pas le bon, et une telle conviction le remplissait de frustration et lui apportait beaucoup d'inquiétude. Ces sentiments d'angoisse à ce sujet étaient revenus le tourmenter avec encore plus d'intensité qu'auparavant. Flam se trouvait plus agité qu'il ne l'avait jamais été parmi ses pairs de la colonie. Que se passait-il ? Pourquoi n'arrivait-il pas à faire en sorte qu'Elgo fasse ce qu'il souhaitait ?

Flam essaya tant bien que mal de fixer son attention sur sa vision intérieure, comme Brio le lui avait conseillé, mais il ne pouvait s'empêcher de retomber dans ses mauvaises habitudes. Plus souvent qu'autrement, il se sentait complètement submergé par ses sentiments habituels de frustration. Chaque fois, Flam devait se secouer et chasser ses pensées négatives. Il essayait fort de se concentrer dans l'espoir de capter à nouveau le *vrombissement d'éléphant*. Et lorsqu'il arrivait que la sensation revienne, on aurait dit que celle-ci perdait peu à peu son aspect grisant.

La condition de Flam ne mit pas longtemps avant d'aller de mal en pis : il se sentait de plus en plus irrité et désillusionné devant toutes ces nouvelles idées que Brio lui avait mises dans la tête. Ses pensées négatives augmentaient en fréquence et en intensité, ce qui ne manquait pas de l'affecter au plus haut point. La chose prit une ampleur telle que son désarroi intérieur avait l'allure d'une coulée de boue dévalant une montagne durant un orage. Il avait même commencé à se venger sur le pauvre Elgo à qui il faisait subir sa mauvaise humeur[1].

« Très bien, Elgo, Flam se plaignait-il. Si tu veux continuer à marcher dans la mauvaise direction le reste de ta vie, qu'il en soit ainsi. Je ne suis qu'une fourmi et toi, un énorme éléphant mal dégrossi. Qui suis-je pour te dire quoi faire, non ? Tu me réveilleras quand nous serons rendus à destination… *quel que soit cet endroit !* »

Évidemment, un tel négativisme n'affectait pas seulement la fourmi. Elgo se sentait envahi lui aussi par des sentiments de frustration. Et puisque ce sont les émotions qui influencent le plus les éléphants, il commença à se sentir morose très souvent. Elgo se rappelait les autres mauvais moments qu'il avait pu traverser dans le passé. Il se remémora l'époque où il avait dû quitter ses parents et apprendre à se débrouiller tout seul, et aussi comment il s'était senti lorsque le troupeau s'était séparé. Il revoyait l'expression de désarroi sur le visage des autres éléphants tandis qu'il s'éloignait en quête de sa propre destinée. Elgo se rappelait avoir compris qu'il ne les reverrait sans doute jamais. Il se revoyait jetant un dernier coup d'œil en arrière et constatant que la tristesse dans leur regard disait tout. Le fait de se remémorer ces jours sombres provoqua la montée de grosses larmes dans les yeux d'Elgo et il se mit à renifler. Il ne s'agissait pas là d'un reniflement ordinaire – car avec la longue trompe et tout, c'était un reniflement dont l'écho se fit sentir à travers tout son corps et qui pouvait être entendu à des kilomètres à la ronde.

Lorsque Flam sombrait dans le découragement, il s'efforçait alors habituellement de se ressaisir au plus vite et essayait de se

---

1. Entre autres choses, il lui lançait souvent des quolibets du genre : *Hé! Elgros, à la vitesse où tu avances, j'aurai atteint l'âge de la retraite avant qu'on arrive à destination, stupide éléphant…*

recentrer sur le *vrombissement d'éléphant,* mais d'autres fois, il se sentait tout simplement submergé et croulait sous le poids de ses pensées négatives. *Toute cette histoire d'oasis est de la m...! Je ne suis même pas capable de me rendre à l'Oasis et je ne serai jamais un vrai leader. Je ne suis qu'une minuscule fourmi insignifiante à la merci d'un énorme éléphant stupide. Aussi bien l'accepter tout de suite : je ne suis pas près de revoir bientôt ma colonie. Pourquoi diable me suis-je engagé dans une si folle aventure ? Si seulement j'avais choisi la voie à laquelle j'étais habitué en retournant à la colonie de mes pairs quand j'en avais la chance !*

La situation s'envenima au point qu'un jour Flam ne voulut même plus sortir du lit, le matin. Heureusement que la silhouette de Brio apparut au loin dans la lumière précoce de l'aube. L'absence de vent rendait son vol plus difficile que d'habitude et il battait de ses larges ailes étendues le long du sentier de l'éléphant. Il ne fut pas surpris de devoir refaire le parcours de la piste à l'envers avant d'y retrouver Elgo et Flam. Comme il l'avait deviné, notre fourmi avait de la peine à assimiler le nouveau plan d'action.

Finalement, Brio survola la charpente massive d'Elgo, qui se tenait absolument immobile sur le sentier. L'éléphant semblait attendre quelque chose; on aurait dit qu'il était hypnotisé par quelque pensée tandis qu'il fixait l'horizon avec un regard vide de tout objectif précis. *Cet animal,* se dit Brio en lui-même, *reflète tout le contraire d'un éléphant qui se sent motivé.*

Brio atterrit avec grâce sur le dos de l'éléphant et se mit immédiatement à la recherche de Flam. La petite fourmi se trouvait juste à côté de l'une des oreilles d'Elgo, et paraissait agitée, se tournant et se retournant sans cesse sous une feuille. Comme c'était déjà l'heure où la plupart des fourmis vaquent à leurs occupations journalières, cherchant de la nourriture, Brio comprit que cette journée de formation allait lui donner un peu de fil à retordre.

« Flam, dit Brio, passons tout de suite aux choses sérieuses. Voici le temps venu de nous remettre au travail. »

« Comment ? répondit une voix irritée sous la feuille. Nous mettre au travail, dites-vous ? Pour quoi faire ? »

« Comment t'en tires-tu avec ce *vrombissement d'éléphant* ? » demanda Brio avec circonspection.

« Ce n'est pas la peine, monsieur... N'avez-vous pas une souris à terroriser quelque part, ou autre chose à faire ? demanda la voix étouffée, sur un ton maussade. Toute cette histoire de *vrombissement d'éléphant* est de la frime, monsieur Brio, ça ne marche pas. C'est là un paquet d'âneries, et vous le savez ! J'aurais dû retourner à la colonie de mes pairs lorsque j'en avais la chance. Maintenant, c'est trop tard, et je ne les reverrai jamais ! »

« Flam, enchaîna Brio d'une manière qui trahissait force et pondération, je sais que les derniers jours ont été plutôt difficiles et frustrants pour toi. Je savais déjà avant mon départ qu'il en serait ainsi pour vous deux... »

Flam garda le silence, absolument impassible devant Brio; on aurait dit qu'il était maintenant persuadé que le vieil hibou lui avait donné de faux espoirs.

« Flam, pourquoi ne pas donner une seconde chance à ton rêve d'oasis ? Je sais comment trouver un remède aux sentiments de frustration qui t'habitent en ce moment. »

Il y eut un bruit de froissement de feuille et les antennes de Flam apparurent de sous sa couverture. Il sortit la tête en disant sur un ton sarcastique : « Ah oui ? comment, au juste ? »

« Flam, mon cher ami, si tu acceptes de sortir de ta cachette, je vais te le dire. »

« Sans blague ? ajouta Flam, toujours caché. Et vous me promettez que ça marchera ? »

« Affirmatif », dit Brio en poussant un soupir. Bien qu'il ait prévu que Flam se sentirait frustré dans ses tentatives d'assimiler le contenu de la dernière leçon, il ne pouvait s'empêcher de penser que la fourmi réagissait d'une manière un peu exagérée. Il vérifia la position du soleil dans le ciel. Ils allaient y passer la journée s'ils ne se mettaient pas bientôt au travail.

« Bon, d'accord, dit Flam en émergeant soudain. Me voici, je suis là. Qu'avez-vous à me dire au juste ? Dites-moi comment je peux arranger les choses ? »

Brio fit une pause pour réfléchir à ce qu'il allait dire. « Eh bien, Flam, d'abord, je veux que tu saches qu'il est essentiel pour toi que tu te débattes avec ce conflit intérieur. Sans conflit, il n'y a pas de croissance possible et, à la vérité, les conflits les plus difficiles à gérer sont ceux qui sont intérieurs. Parvenir à résoudre un conflit intérieur nous rend capables d'apporter des changements à notre vie. Malheureusement, il est plus facile pour chacun de voir les problèmes chez les autres créatures qu'il ne l'est pour soi. Le fait de s'examiner objectivement est presque impossible sans un peu d'aide de l'extérieur. Ce que tu as traversé est difficile, mais pour être en mesure de grandir, tu dois accepter le fait qu'un tel processus est tout, sauf facile. Pour que tu puisses vraiment comprendre les enjeux de la prochaine leçon, il me fallait te laisser lutter avec le processus comme tu l'as fait. Maintenant que tu sais où se trouvent certaines embûches, tu vas pouvoir apprendre à naviguer de manière à les éviter. Tu seras capable d'apporter de réels changements à ta situation.

SANS CONFLIT, IL N'Y A PAS DE CROISSANCE POSSIBLE ET, À LA VÉRITÉ, LES CONFLITS LES PLUS DIFFICILES À GÉRER SONT CEUX QUI SONT INTÉRIEURS.

Flam fixa Brio durant quelques secondes, puis il demanda d'un air sceptique : « Comment ? »

« Flam, je vais te proposer un nouveau concept et partager un nouveau plan d'action avec toi aujourd'hui, mais, avant, j'aimerais te poser une question. Il y a déjà longtemps que tu rêves de te rendre à l'Oasis, n'est-ce pas ? »

« Depuis que le corbeau a mangé mes réserves de nourriture, j'en rêve, en effet. »

« Pourtant, les résultats ne correspondent pas vraiment aux efforts que tu as déployés jusqu'ici pour y parvenir, n'est-il pas vrai ? Quelle en est la raison, à ton avis ? »

« C'est la faute d'Elgo. C'est lui qui ne cesse de s'élancer dans la mauvaise direction. J'ai bien *essayé* de communiquer avec lui, mais il est plus qu'évident que le gros patapouf n'est pas du tout *intéressé* à m'écouter. Chaque matin, je me réveille fin prêt à travailler fort pour atteindre l'Oasis, comme vous avez dit; et pourtant, Elgo continue à avancer comme le gros lourdaud qu'il est, mastiquant de l'herbe et cherchant le prochain étang boueux où se vautrer – la vie rêvée des éléphants, quoi ! C'est tout à fait comme là-bas, dans ma colonie – personne dans mon équipe ne portait attention à ce que je disais; chacun faisait ce qu'il avait toujours fait. Toutes ces fourmis ont peut-être dit qu'elles *pouvaient* changer, mais elles n'ont jamais été *disposées* à changer leur manière d'agir d'aucune façon. Et maintenant, quelle chance me reste-t-il avec ce gros tas de graisse d'éléphant ? Après tout, moi, je ne suis qu'une minuscule fourmi. Mon éléphant a deux millions de fois plus de puissance que moi – c'est vous-même qui me l'avez enseigné ! Comment suis-je supposé m'y prendre, au juste, pour le faire bouger un peu ? »

« Oooh ! je crois que tu tiens là quelque chose, mon ami, dit Brio. Lorsque tu mentionnes deux millions de fois plus de puissance, que veux-tu dire, au juste ? »

Flam releva la tête. Ce n'était pas le genre de réponse à laquelle il s'attendait de la part de Brio. Il pensait que le hibou allait simplement le réprimander de se plaindre autant de son sort.

« Eh bien ! commença-t-il, Elgo semble être celui qui choisit la direction dans laquelle il avance. C'est comme s'il en décidait tout seul, même lorsque j'essaie de le persuader du contraire », dit la fourmi sur un ton obstiné, en croisant quatre de ses petites pattes.

« Dans un sens, tu as raison. Ton éléphant et toi, vous êtes inextricablement liés en pensée et en action; et pourtant, tu penses d'une manière et ton éléphant pense autrement, répliqua Brio. Je connais bien les éléphants, Flam, et ton éléphant en particulier. Vois-tu, les éléphants réussissent à survivre parce qu'ils suivent leur instinct, parce qu'ils s'en tiennent à ce qu'ils ont appris de leurs parents, de même qu'au cours d'autres expériences durant leur vie. Vu qu'ils ont un jour à relever le défi de se débrouiller seuls, ils apprennent à suivre un sentier tracé d'avance, sans jamais le remettre en question – un sentier qui s'est avéré sûr et sécuritaire pour des générations d'éléphants avant eux. Mais je sais également que les éléphants aspirent à vivre à l'Oasis, tout comme les fourmis…, de même que l'ensemble des autres créatures, en vérité. Le dilemme vient du fait que la réalité de ton éléphant est différente de la tienne. »

« Que voulez-vous dire par *sa* réalité ? Corrigez-moi si je m'égare, ô grand maître de kung-fu – je veux dire monsieur Brio –, mais j'étais sous l'impression qu'Elgo et moi nous trouvions exactement au même endroit en ce moment. »

« Si tu devais nommer les croyances, les attitudes et les convictions profondes qui caractérisent Elgo devant la possibilité de trouver un jour l'Oasis, quelles seraient-elles ? » demanda Brio.

« Les croyances, attitudes et convictions profondes, dites-vous ? »

« Exact. »

« Eh bien, considérant les faibles résultats obtenus jusqu'ici, je dirais que la grosse bête ne *croit pas vraiment* à l'existence de l'Oasis. Son *attitude* semble se résumer à ne pas s'attendre à jamais la trouver, et sa *conviction profonde* – si on peut appeler la chose ainsi – est que cela ne se produira absolument jamais », répondit Flam avec une désinvolture empruntée.

« Et quelle solution proposerais-tu ? » demanda Brio.

« La solution serait de modifier les croyances, les attitudes et les convictions profondes qui sont si chères à Elgo, de manière à l'amener à croire qu'il lui faut absolument déménager sur un lopin de terre au beau milieu de l'Oasis, répondit la fourmi en tapant du pied avec impatience. Et que faites-vous de la frustration qui est la mienne depuis des semaines ? Que dire de *mon* niveau de stress à moi ? J'avais l'impression de n'avoir absolument aucune influence sur Elgo lorsque je réfléchissais à ma vision intérieure de l'Oasis et que j'essayais de provoquer un quelconque *vrombissement d'éléphant*. Franchement, tout cela équivaut à *bupkis*[1] ! »

« Combien de fois as-tu essayé de capter l'attention de ton éléphant afin de lui communiquer ta vision de ce que serait ta vie à venir à l'Oasis ? » demanda le vieil hibou.

« Des tas de fois ! »

« Vraiment ? Combien de fois, au juste ? »

« Quelques fois, euh... je dirais au moins une *douzaine* », répondit la fourmi, qui venait de comprendre que Brio avait commencé, en quelque sorte, la deuxième leçon.

« Et c'est là la source du problème – un problème qui sera facile à résoudre, une fois que tu auras saisi le concept que je vais tenter de t'expliquer. Je l'appelle le concept des *Gouttes dans le seau*. »

Flam sortit la brindille et la feuille, et il se mit en position de recevoir de nouvelles lumières.

---

1. Un mot yiddish correspondant à *nada* en espagnol, et qui veut dire *que dalle*, expression utilisée par les gestionnaires de sites .com pour parler de rendement du capital investi (RCI).

« Imagine, Flam, que tu as un seau rempli d'eau fraîche et claire. Maintenant, imagine que ton but dans la vie est de rendre l'eau dans le seau d'un bleu éclatant.

« Quel est l'intérêt d'avoir comme objectif de posséder un seau rempli d'eau bleue ? » questionna Flam, qui se demandait si son professeur n'avait pas fait un mauvais virage et percuté un arbre quelconque.

« C'est un concept qui te permettra de comprendre pourquoi tu te sentais si frustré, ces dernières semaines, répondit Brio d'une voix monotone. Parfois, il faut avoir l'assurance que nous approchons du but que nous nous sommes fixé, Flam, même lorsque nous ne voyons aucune évidence de nos progrès dans l'immédiat. »

« Bon, d'accord. Je veux bien jouer le jeu. J'ai *toujours* rêvé de posséder un seau rempli d'eau bleue », dit Flam, en faisant un gros clin d'œil et en haussant quelques-unes de ses épaules droites.

« Eh bien, imagine, Flam, que tu possèdes un seau capable de retenir vingt mille litres d'eau. Pour réussir, un jour, à rendre cette eau bleue, il n'y a qu'une règle à suivre : ne laisser tomber dans le seau qu'une seule goutte de colorant bleu par jour. Si tu rates une journée, tu ne peux te reprendre le lendemain en ajoutant une goutte de plus. »

Flam commençait à saisir la pertinence du concept. Il cessa donc de ronchonner et se mit à écouter le hibou avec plus d'attention.

« Si tu es plein d'enthousiasme à l'idée d'obtenir un seau d'eau bleue, continua Brio, tu ressentiras probablement un *vrombissement d'éléphant* chaque fois que tu vas y penser, non ? Mais que va-t-il se passer le premier jour où tu prendras la pipette pour déposer une seule goutte de colorant dans un seau contenant vingt mille litres d'eau ? »

« Pas grand-chose, je suppose. Ce n'est qu'une goutte, après tout », répondit Flam.

« Oui, mais tu te diras à toi-même que ce n'est qu'un début. Tu demeureras plein d'enthousiasme à l'idée, rempli d'espoir et d'optimisme. Alors, le jour suivant, puis le suivant, et ainsi de suite, tu déposeras la fameuse goutte dans l'eau du seau pour la voir se dissoudre et disparaître. Malgré le fait que la couleur de l'eau est en train de changer imperceptiblement au bleu, tu ne le perçois pas parce que tu vois le seau tous les jours et que le changement est graduel. »

Flam nota le plan d'action suivant, bien qu'il soit toujours un peu perplexe.

PLAN D'ACTION N° 2 : ***Maintenir le cap. Le changement est graduel. Me rappeler les*** **gouttes déposées dans le seau** ***pour éviter d'être envahi par des sentiments de frustration.***

« Alors, dit Brio, que crois-tu qu'il va arriver après six semaines où tu auras déposé une goutte de colorant dans le seau d'eau claire chaque jour, et que tu ne vois toujours pas – après tout ce temps – de changement perceptible ? »

« Puis-je répondre en toute franchise, monsieur ? »

« Permission accordée », dit le hibou en hochant la tête.

« Eh bien ! je vais finir par me sentir frustré et en conclure que toute cette histoire de seau d'eau bleue n'est rien d'autre que du crottin de zèbre », répondit Flam.

« C'est exact ! répondit Brio, faisant mine de ne pas accorder trop d'importance au caractère mal dégrossi de la bestiole. Le problème, Flam, est que nous vivons dans un monde caractérisé par le désir de gratification immédiate, et que nous devons lutter contre cette tendance en nous rappelant que les objectifs les plus louables sont ceux qui exigent temps et énergie. Lorsque tu ressens un *vrombissement d'éléphant* en rêvant à quelque chose, cela veut probablement dire que ce rêve en vaut la peine et qu'il mérite le temps que tu vas consacrer à le réaliser. Quand la frustration se pointe le bout du nez, continua Brio, cela nous porte à remettre notre démarche en question. Nous en concluons qu'un autre type de colorant est peut-être plus approprié, ou nous baissons tout simplement les bras et passons à d'autres projets. »

NOUS VIVONS DANS UN MONDE CARACTÉRISÉ PAR LE DÉSIR DE GRATIFICATION IMMÉDIATE, ET NOUS DEVONS LUTTER CONTRE CETTE TENDANCE EN NOUS RAPPELANT QUE LES OBJECTIFS LES PLUS LOUABLES SONT CEUX QUI EXIGENT TEMPS ET ÉNERGIE.

Après ces mots, Brio observa une brève pause pour donner à Flam le temps de mesurer la pertinence de ces idées. Flam se mit à réfléchir au vécu des dernières semaines et à tout le temps où il avait baissé les bras devant Elgo. Il devait reconnaître qu'il avait abandonné prématurément la partie. Il jeta un coup d'œil à ses notes : ***Maintenir le cap. Le changement est graduel.*** Il ajouta la précision suivante : ***Apprendre à remettre à plus tard la gratification.*** Pourtant, il y avait quelque chose que la petite bestiole ne réussissait toujours pas à saisir.

«Juste une minute, monsieur Brio. Pourquoi n'ai-je pas pu voir même une *infime trace* de changement chez Elgo ? Il semblait si déterminé à ignorer tout simplement chacun de mes efforts. En fait, j'avais la forte impression qu'il ne manifestait aucun enthousiasme, aucune motivation et aucune volonté à coopérer avec moi.»

« Quelle était ta stratégie en vue de garder ton éléphant sur la bonne piste ? demanda Brio. Quel était ton stratagème pour poursuivre tes efforts et tenter d'apporter les correctifs nécessaires lorsque la situation semblait tourner au vinaigre ? »

« Stratégie ? Eh bien, elle consistait à consacrer une minute ou deux à imaginer ma vie à venir à l'Oasis, lorsque le mot *oasis* me venait à l'esprit », répondit Flam.

« Une telle approche ne te mènera pas bien loin, mon ami… »

❋ ❋ ❋

« Que s'est-il passé, cher Flam, lorsque Elgo a fait la rencontre de deux lions il y a quelques jours ? »

« Oh ! répondit la petite fourmi, les yeux écarquillés et les antennes bien droites, Elgo s'est montré si féroce, il les a terrifiés et chassés au loin. »

« Et que s'est-il passé ensuite ? » insista Brio.

« Nous avons célébré sa victoire ! »

« Et que s'est-il passé ensuite ? Qu'a-t-il aperçu juste après ? »

« Oooh..., dit Flam, qui commençait à comprendre où le hibou voulait en venir. Il a senti la présence de quelques souris insignifiantes et il a réagi en faisant marche arrière, en pleine panique, comme s'il avait vu un fantôme. »

« Était-il en danger ? »

« Pas du tout ! De simples souris inoffensives... », répondit Flam avec emphase.

« Mais quelle était la perspective d'Elgo dans cette situation ? » continua Brio.

« Il était persuadé que ces souris étaient absolument terrifiantes. »

« Tu vois, Flam, que les convictions d'Elgo diffèrent des tiennes. Bien que tu saches que les souris ne représentaient aucune menace réelle pour une énorme créature comme Elgo, ses convictions à ce sujet étaient vraiment tout autres. »

« Sa vive réaction m'a jeté par terre et je me suis presque rompu les os à cause de lui. »

« Flam, que tu le croies ou non, c'est toi qui est le principal responsable du peu de progrès réalisé jusqu'ici dans votre marche vers l'Oasis. »

Flam commençait à ne plus apprécier la direction que prenait cette conversation.

« Flam, quelles sont tes convictions personnelles quant au niveau de difficulté qu'entraîne le défi d'atteindre l'Oasis ? »

« C'est une tâche vraiment difficile. Ce n'est pas facile du tout, croyez-moi ! »

« C'est pourquoi tu te dis constamment : *Je dois redoubler d'effort sans cesse.* »

« Exact ! Vous avez tout à fait raison », répondit Flam, craignant la suite.

« Donc, le message que tu t'adresses produit un effet dissuasif sur toi, en réalité, dit Brio. Tes convictions quant à ton cheminement vers l'Oasis sont que le chemin sera rempli de difficultés. Et si la vérité était qu'une telle aventure est facile ? »

« Eh bien… Il est également *possible* qu'elle soit vraiment difficile… », ajouta Flam.

« Ou le contraire, répondit Brio. Ce que j'essaie de te faire comprendre est que tout ce que tu penses – ce qui constitue tes convictions sur telle ou telle chose – est communiqué à Elgo. Si, au fond de toi, tu es persuadé que la route vers l'Oasis sera parsemée d'embûches et de difficultés, qu'elle se révèlera un défi impossible à relever, alors ton coéquipier ne se sentira certainement pas équipé pour réussir une telle entreprise. »

« J'imagine que vous avez raison », concéda la fourmi.

« Il est certain qu'aucun *vrombissement d'éléphant* ne peut se produire à ce sujet lorsque, au fond de toi, tu demeures persuadé qu'il te faudra lutter âprement pour te rendre à l'Oasis. Chaque muscle du corps de ton éléphant, en commençant par les dix mille muscles de sa trompe, vont réagir de manière à confirmer qu'il est impossible d'atteindre réellement l'Oasis. Et qui sera responsable d'un tel dénouement, en fin de compte ? »

« Moi ? » interrogea la fourmi, l'air penaud.

Le hibou hocha la tête et posa ses yeux qui brillaient comme des pierres précieuses sur Flam : « Pense à un ami dont tu admires le style de vie. Comment décrirais-tu cette créature ? »

« Eh bien, j'ai un ami singe qui s'appelle Grant, qui est insouciant et qui profite pleinement de la vie. Même lorsque les choses se présentent plutôt mal pour lui, il semble toujours rebondir en démontrant encore plus de vitalité qu'auparavant », dit Flam avec un sourire mélancolique.

« Parle-moi davantage de ce Grant et de ses luttes pour survivre », dit Brio.

« Alors, voici. Grant a démarré une société de bananes qui a fait banqueroute; il a tout perdu dans l'aventure. Mais trois ans plus tard, son entreprise moribonde a repris vie. Il a pu ainsi régler ses dettes et il a accumulé encore plus de bananes qu'auparavant. »

« C'est extrêmement intéressant, dit Brio. Qu'est-ce qui fait qu'un singe tel que Grant arrive à rebondir dans une situation aussi négative, tandis que d'autres de ses congénères demeurent endettés et sont incapables de faire preuve de résilience ? » questionna le sage hibou.

« C'est que les singes comme Grant ont des parents fortunés ? » répondit Flam pour plaisanter.

« Mais comment expliquer la chose lorsqu'ils n'en ont pas », répliqua Brio, sans céder à la plaisanterie.

Flam fronça les sourcils et se mit à réfléchir sérieusement à la question. « C'est sans doute parce que Grant arrive à se projeter dans l'avenir comme possédant une grande quantité de bananes, même lorsque ce n'est pas du tout le cas dans le présent. Et comme *sa* réalité est qu'il est en mesure d'accumuler cette quantité, tout ce qu'il fait contribue à lui procurer *encore plus* de bananes. »

« C'est exact ! Grant est un *visionnaire,* dit Brio. Mais le manque de vision – certaines personnes appellent cela une *mentalité axée sur la rareté* – n'est pas la seule lacune qui fait en sorte que les créatures subissent l'effet négatif de leurs convictions profondes. Qu'il s'agisse de la plus petite chenille ou du gorille le plus poilu, chaque animal porte en lui des **croyances** et des **attitudes négatives,** des **conceptions erronées et profondes** qui le neutralisent et pèsent sur lui comme un lourd fardeau. Ces sentiments négatifs seraient suffisants pour écraser quiconque après un moment. Certaines de ces créatures se façonnent de tels sentiments négatifs dans le domaine des relations, de l'image de soi, des capacités personnelles, des traditions, des figures d'autorité, des voisins, du changement, de la vie..., et tout le reste ! »

« Aïe ! répondit la fourmi. On dirait qu'un grand nombre de créatures souffrent de perceptions négatives et que celles-ci ont grand besoin d'être corrigées ! »

« Flam, certaines choses demeurent imperméables à tout changement dans la vie, mais bien d'autres choses peuvent être changées – de l'intérieur –, et la plupart des gens ne sont pas du tout prêts à le reconnaître. Lorsqu'on se concentre avantageusement sur un objectif assez longtemps et que l'on persévère dans une telle voie, on réussit en général ce que l'on a entrepris. »

« Tout ceci est très important, monsieur Brio. Je crois que je dois noter la chose sur ma feuille », commenta Flam, sa brindille à la main.

« Il y a plus encore », ajouta Brio.

« Vraiment ? »

« Absolument ! En considérant tout ce dont nous avons discuté jusqu'ici, il m'apparaît évident, mon brave petit ami, qu'il sera plus avantageux pour toi de persévérer dans ton plan d'action si tu veux conserver un état d'esprit qui engendre des pensées positives qui te seront salutaires à la longue. Ces pensées doivent te servir de repère et de convictions profondes. Puis, une fois que tu auras réussi à te forger de nouvelles convictions – des vérités qui sont cohérentes avec ta vision intérieure –, tu pourras alors tirer ton épingle du jeu et garder une longueur d'avance. »

« Est-ce là le secret ? » questionna Flam avec une certaine appréhension.

« Eh bien ! il y a une chose dont tu dois apprendre à te méfier, répondit Brio. Ton éléphant voit les choses de manière très littérale; c'est pourquoi il te faut opter pour des croyances, des attitudes et des convictions personnelles qui nécessiteront la plus grande attention. »

« Pouvez-vous me donner un exemple ? »

« Bien sûr. Au lieu de *désirer* un lieu de résidence dans l'Oasis, je te suggère plutôt de concentrer ton attention sur le moyen qui te *garantisse* ce lieu de résidence. Si tu gardes ton attention sur ce que tu désires, tout ce que tu y gagneras ne sera rien d'autre que l'expérience continuelle de désirer la chose en question. Si tu concentres ton énergie sur le fait de posséder vraiment quelque chose, tu finiras un jour ou l'autre par avoir la chose en question. »

« Hum..., marmonna Flam, en mâchouillant sa brindille. Très, très intéressant. »

« Utilisons, si tu veux bien, l'exemple d'une fourmi qui aspire à un meilleur travail. Ceci te semblera peut-être un point sans importance, mais si la fourmi continue à ne désirer qu'un meilleur travail, son éléphant va alors percevoir son objectif comme n'étant que le désir d'un meilleur travail, pas le fait d'en avoir un à un moment donné. Je sais qu'il est possible que la fourmi finisse par avoir ce travail, mais elle augmentera ses chances si elle change d'attitude et modifie ses convictions de manière à *se voir elle-même en train d'obtenir ce travail* plutôt que de simplement *désirer* l'avoir.

La petite menotte de Flam n'arrivait pas à fournir à la demande. ***M'engager à conserver une attitude qui engendre principalement des pensées positives dominantes. Ajuster mes croyances, mes attitudes et mes convictions intérieures de manière à ce qu'elles soient cohérentes avec ma vision. Agir comme si je possédais déjà l'objectif poursuivi au lieu de simplement le désirer. Les croyances, les attitudes et les convictions intérieures d'Elgo sont sans doute profondément enracinées en lui. Mais je peux arriver à changer la pensée d'Elgo en déployant un effort constant et particulier dans ce sens.***

« Flam, ton éléphant réfléchit d'une manière qui sera toujours centrée sur la vision intérieure que tu vas t'efforcer de lui communiquer avec persévérance. Ton éléphant est très littéral dans ses réactions et il aura tendance à répondre de la manière qui lui a été inculquée. Tu dois t'assurer de dialoguer de façon constante et précise avec lui afin de permettre au *vrombissement d'éléphant* de fonctionner. »

Brio sourit à la fourmi en baillant. « Flam, je crois qu'il est temps pour moi d'explorer le coin pour trouver un arbre où faire une petite sieste. Mais avant, j'aimerais que tu prennes quelques minutes pour réfléchir aux moments de ta vie où tu n'as pas réussi à atteindre ce dont tu avais rêvé. Réfléchis à ce qui constituait ton point principal d'intérêt juste avant les événements qui t'ont laissé déçu. »

Points à retenir pour Flam au sujet de lui-même

LEÇON 2

M'ENGAGER À CULTIVER DES PENSÉES POSITIVES.

- Modifier mes croyances, mes attitudes et mes convictions intérieures de manière à ce qu'elles soient cohérentes avec ma vision.
- Imaginer que je *possède* l'objectif poursuivi plutôt que de simplement *désirer* cet objectif.
- Les croyances, les attitudes et les convictions intérieures d'Elgo sont sans doute profondément enracinées en lui. Je peux changer la pensée d'Elgo en déployant un effort soutenu et particulier dans ce sens.

PLAN D'ACTION N° 2 : Maintenir le cap. Le changement est graduel. Me rappeler les *gouttes déposées dans le seau* pour éviter d'être envahi par des sentiments de frustration. ***Apprendre à remettre la gratification à plus tard.***

RÉSUMÉ

1. Clarifier ma vision.
ACTION : Trouver l'émotion qui alimente ma vision. Motiver mon équipe par le biais des émotions.

2. M'engager à cultiver des pensées positives.
ACTION : Maintenir le cap. Le changement est graduel.

Chapitre 8

Faire l'expérience de la gratitude et l'exprimer en retour

Flam se leva bien droit, le cœur rempli d'une nouvelle détermination. Il venait de prendre l'importante décision de ne plus fixer autant son attention sur ce qu'il ne *pouvait pas* faire et de commencer à chercher par tous les moyens à apprendre davantage sur lui-même et sur ses réelles capacités personnelles. Il conclut qu'il était plus que temps pour lui de faire preuve d'un peu de créativité et d'initiative. Il avait besoin de se donner des outils lui permettant de garder son attention fixée sur ce qu'il pouvait faire et qui assurerait qu'Elgo et lui finissent tous deux par atteindre l'Oasis.

Quelle serait l'approche recommandée par le sage hibou ? se demanda-t-il alors. Il essaya d'imaginer quelle serait la solution proposée par Brio dans une telle situation. Quelles mesures le hibou suggérerait-il, lui ? *Je crois,* se dit Flam, *que la première chose qu'il ferait serait de mettre le problème en perspective. Avant que Brio ne trouve une solution possible, il chercherait d'abord à mettre au point une stratégie.*

« C'est tout à fait cela ! conclut Flam en sautant d'enthousiasme. Nous avons tout simplement besoin d'un nouveau plan d'action, mon cher Elgo. Il nous faut un moyen efficace qui nous permette de garder en vue notre objectif en toutes circonstances ! »

Flam se mit à réfléchir au contenu des leçons de Brio. Plus souvent il arriverait à provoquer un *vrombissement d'éléphant,* meilleures étaient ses chances de maintenir ses convictions personnelles en accord avec ses rêves. Et plus les vérités qu'il chérissait étaient cohérentes avec ses rêves, plus il avait de chances que son éléphant maintienne le cap dans la bonne direction.

« Stratégie, se répéta-t-il à haute voix, espérant qu'Elgo comprenne aussi le message. La stratégie est la clé de la réussite de l'équipe que nous formons tous deux, Elgo. Et nous avons besoin d'une approche qui nous permette de changer, à loisir, ce que nous croyons être possible. Si tes convictions intérieures et les miennes ne font qu'un, nous serons alors capables de nous rendre à l'Oasis. Mais pour réussir à établir une panoplie de certitudes intérieures nouvelles en toi, nous avons besoin d'un stimulus capable de déclencher une pensée positive déterminante dans ton esprit. Il nous faut un signe qui nous rappelle notre objectif, ajouta Flam d'un air songeur. Mais que choisir qui remplisse une telle fonction ? »

Flam examina la possibilité d'attacher une ficelle autour de l'une de ses pattes. Il essaya d'imaginer les résultats d'une telle approche et comprit que la ficelle perdrait de sa nouveauté rapidement – elle serait là tout le temps, mais il finirait par s'habituer à sa présence. Non, il avait besoin de quelque chose qui servirait de rappel à Elgo et à lui-même, à n'importe quel moment de la journée. Ils avaient tous deux besoin d'un pense-bête qui demeure efficace dans les situations inattendues, qui les interpelle à brûle-pourpoint en leur rappelant de se concentrer sur l'essentiel.

C'est alors qu'une spore de pollen tomba du ciel et atterrit en plein sur le bout du nez de Flam. Il éternua, se frotta le nez pour en dégager le flocon de poudre dorée et s'arrêta soudain.

« Sous… mon… nez…, murmura-t-il. La solution se trouve là, juste sous mon nez ! »

Flam jeta un bref coup d'œil autour de lui, parcourant du regard le dos grisâtre d'Elgo. Il remarqua que le cuir du pachyderme était recouvert ici et là de ces spores de pollen dorées. Il observa la manière avec laquelle le reflet doré contrastait avec le gris de la peau de l'éléphant.

« Je pense que ça pourrait marcher, mon cher Elgo, s'exclama-t-il avec enthousiasme. Ça pourrait marcher, sans aucun doute. Et si nous utilisions ces points dorés comme signe pour nous rappeler de garder nos pensées fixées sur des éléments essentiellement positifs ? Chaque fois que nous verrons un point doré de pollen flotter dans l'air ou atterrir sur quelque chose, cela nous rappellera notre objectif commun. Ces points dorés nous feront nous rappeler notre rêve d'avoir un jour un lieu de résidence dans l'Oasis. »

Elgo se mit à bouger la trompe en signe d'approbation. Ils tenaient le bon bout, cette fois.

❋ ❋ ❋

Durant les trois semaines qui suivirent, ou presque, Flam remarquait chaque fois où un point doré flottait dans l'air en tombant du ciel, et le signe lui rappelait son objectif d'*avoir* un lieu de résidence dans l'Oasis. Au tout début, de tels pense-bêtes dorés étaient efficaces autant pour Flam que pour Elgo. Chaque fois qu'ils en apercevaient un, des visions de l'Oasis se forgeaient dans leur imagination, de telle sorte qu'après un moment le défi de trouver une spore dorée flottant au gré du vent était devenu une sorte de jeu entre les deux.

Flam était maintenant littéralement obsédé par les points dorés. Chaque fois qu'il en trouvait un, il le plaçait en évidence quelque part où il pouvait le contempler à loisir. Et pendant que Flam continuait à se faire le champion de sa méthode des points dorés, l'esprit d'Elgo, lui, avait commencé à faiblir; l'éléphant s'était remis à rêvasser à tout et à rien. Aux yeux de Flam, Elgo semblait toujours plus ou moins intrigué par les points dorés, comme s'il savait ce qu'ils étaient, mais on aurait dit qu'il ne se rappelait plus leur utilité. Flam se mit à s'inquiéter du fait qu'Elgo risquait de perdre de vue la raison d'être de ces points dorés et ce qu'ils signifiaient pour eux. Il essaya de rafraîchir la mémoire de son compagnon, mais ce dernier se montrait plutôt distrait. Peut-être que le ciel gris et l'air lourd de la savane étaient responsables du fait que l'éléphant remettait tout en question. Il n'aurait pas su le dire. Il savait néanmoins que, cette fois, il n'allait pas abandonner la partie si facilement.

Ce concept de points dorés me paraît excellent, pensa-t-il. Il y réfléchit un instant, puis il se dit tout haut : « Je me demande bien ce que ferait monsieur Brio dans une telle situation ? »

Soudain, une voix tonitruante lui posa la question : « Et pourquoi ne pas lui demander, tout simplement ? »

Flam était si surpris par la voix qu'il fit un tour complet dans les airs en sursautant.

« Aaah ! un peu plus et je risquais d'avoir une attaque, monsieur Brio ! dit Flam en essayant de reprendre son souffle. Oh là là ! Comme je suis heureux que vous soyez de retour ! J'ai tellement de choses à vous dire[1] ! »

Flam mit Brio au courant de tout ce sur quoi il avait travaillé durant son absence. Il était particulièrement enthousiaste à l'idée de parler au hibou de son concept de points dorés et de lui demander son avis quant au fait que le stratagème ne semblait plus bien fonctionner.

Brio écouta attentivement la fourmi en réfléchissant à tout ce dont Flam lui fit part : « Quel message reçois-tu, au juste, lorsque tu vois l'un de ces points dorés ? » demanda-t-il à son élève.

« Eh bien, d'habitude, je me dis quelque chose comme : "J'ai si hâte d'*avoir* ma place dans l'Oasis" », répondit Flam.

« Excellente stratégie, Flam. Mais puis-je te faire une petite suggestion ? Celle-ci se résume à trois mots, pour être plus précis. »

« Super ! je suis tout ouïe. » Flam ramassa sa feuille et sa brindille, et se préparait pour la prochaine perle de sagesse.

« Maintenant. Gratitude. Expérience », dit le hibou sur un ton solennel.

Comme c'était son habitude, Flam nota le concept avant d'en comprendre exactement le sens profond. « Euh ?… »

« Laisse-moi te donner les quelques précisions suivantes, dit Brio. Vois-le *maintenant,* ajoute-y la *gratitude,* et fais-en la brève *expérience,* ajouta-t-il. Commençons avec ce que signifie le *voir maintenant*. La vérité est que tes points dorés risquent d'avoir plus d'effet sur Elgo si celui-ci les perçoit comme étant bien réels. Le fait de parler au présent de quelque chose donne à cette chose un aspect réel dans ton subconscient. En parlant

---

1. En commençant par : « Ne me fais plus ce genre d'apparition-surprise dorénavant. »

au présent, non seulement vas-tu croire à la valeur de ce que tu dis, mais tu vas également convaincre ton coéquipier de la réelle pertinence de ce que tu lui dis. Fais-lui savoir avec confiance que ce à quoi tu rêves *est* bien réel, mais que cela ne s'est pas concrétisé encore. C'est pourquoi, tu dois voir la chose comme telle *maintenant,* et non comme si celle-ci allait se concrétiser dans l'avenir. Essaie, juste pour voir. »

« Je vais vivre dans l'Oasis », affirma Flam avec le plus grand sérieux.

« C'est un bon début, mais ce n'est pas encore tout à fait cela. Es-tu certain d'utiliser le bon temps de verbe en disant *je vais,* dans ton affirmation ? » interrogea Brio.

« Oui, je comprends. *Je vais* n'est pas au présent. Bon, laissez-moi réessayer. » Flam fit une brève pause avant d'annoncer avec la plus grande confiance : « Je *vis* dans l'Oasis ! »

« Excellent, répondit Brio. Maintenant, rappelle-moi ce que ce serait, pour toi, de vivre ainsi dans l'Oasis. En d'autres mots, ravive le *vrombissement d'éléphant.* »

La fourmi ferma les yeux et s'abandonna aux joies de sa vision intérieure. « Je me trouve au-dessus d'une fourmilière donnant sur l'Oasis, et il y a un joli ruisseau à proximité. Je suis entouré de ma famille, et des tas de petites fourmis s'amusent en courant dans tous les sens. Elles sont heureuses et en parfaite santé. Chaque matin, je me rends au travail rejoindre mes collègues fourmis; nous travaillons fort et nous aimons bien faire équipe ensemble. Je suis un leader qui se démarque, et la vie me semble une aventure fabuleuse ! » Flam ouvrit les yeux, quelque peu surpris par l'intense beauté de sa vision intérieure, et il ressentit un énorme frisson venant de l'éléphant.

« Ah, oui ! confia Brio, avec un air de satisfaction, le *vrombissement d'éléphant...* Toutefois, je parie que tu peux faire mieux que cela. En as-tu le courage ? »

« Bien sûr que si, s'écria Flam en tapant du poing dans sa main. Réessayons pour voir ! »

« Discutons un peu de ton coéquipier, Elgo. Rappelle-toi que ton éléphant a aussi des émotions et qu'il a certaines raisons de se comporter comme il le fait. Et, le plus important, c'est qu'il est très réceptif à toute information qu'on lui transmet. Lorsque tu ressens une certaine gratitude et que tu en manifestes la réalité, cela contribue grandement à maintenir ton éléphant sur la bonne piste. Non seulement une telle attitude te permettra-t-elle de souligner à ton compagnon la pertinence d'une vérité nouvelle à ses yeux, mais tu seras également en mesure de lui donner plus d'énergie en maintenant un climat où règne la gratitude. La gratitude, Flam, est l'ingrédient par excellence qui donne à notre vie une saveur de plénitude. »

LA GRATITUDE EST L'INGRÉDIENT PAR EXCELLENCE QUI DONNE À NOTRE VIE UNE SAVEUR DE PLÉNITUDE.

« D'accord, dit Flam, mais dites-moi si l'affirmation suivante à l'effet que les points dorés me rappellent l'importance

de la gratitude est pertinente ou non : *Je suis si reconnaissant pour la vie que nous menons à l'Oasis.* »

« C'est parfait ! Maintenant, imagine plus en détail ce qu'il y a dans ta vision intérieure. Essaie de percevoir chacune de ces choses dans son intensité de lumière, de son, de goût, de toucher et d'odeur. Intègre à cela le sentiment de satisfaction qui te caractérise parce que tu as maintenant atteint ton objectif », ajouta Brio.

Flam fit comme Brio le lui avait suggéré. Il ferma les yeux et se mit à imaginer sa vie merveilleuse dans l'Oasis, comme si celle-ci était bien réelle, ici et maintenant. Il pouvait sentir la chaleur du soleil et la douce caresse de la brise; il appréciait la fraîcheur délicieuse de l'eau claire; il se voyait entouré de ses amis et de sa famille; il entendait leurs exclamations de joie; et il sentait la promesse de grandes choses. Son cœur se gonflait de plaisir à éclater et son esprit chantait littéralement. Il sentait qu'il était la fourmi la plus fortunée de l'univers. Et la douce vibration sous ses pieds allait en augmentant, au fur et à mesure que se précisait sa vision en termes de richesse. Il ouvrit les yeux et, d'un air satisfait, sourit au hibou.

« C'est très bien, Flam, dit tendrement Brio. Tu fais de réels progrès. » Le hibou se préparait à prendre son envol. « Je reviendrai d'ici peu. »

« Vous partez ? *Encore* ? Et pourquoi si tôt ? » fit Flam.

« Oui, petite fourmi, il me faut te quitter de nouveau», répondit Brio.

« Mais je n'ai pas encore assimilé tous les aspects de la leçon. Peut-être ne parviendrai-je pas à refaire l'expérience de la vision intérieure sans vous pour me guider ? » ajouta Flam, un peu inquiet.

Brio s'élevait déjà au-dessus de la bestiole, battant de ses larges ailes. « Ne crains rien, répondit Brio, tandis qu'il volait en cercle dans l'air. Il te suffira de ralentir un peu et d'intégrer dans ta vision tous ces détails merveilleux. Et ainsi, dès que tu auras lié une pensée particulière et chargée d'émotion à un quelconque point doré, tu enverras un signal clair et fort à ton partenaire. »

Flam regarda le hibou voler à basse altitude directement vers le nord, au-dessus d'un chemin peu fréquenté. La chaleur qui montant du sol commença à déformer la silhouette de l'oiseau, et l'on aurait dit que son corps s'allongeait, puis se comprimait, tandis qu'il disparaissait peu à peu à l'horizon. Petit à petit, les émanations de chaleur engloutirent complètement toute trace du vieil hibou dans le lointain.

AINSI, DÈS QUE TU AURAS LIÉ UNE PENSÉE PARTICULIÈRE ET CHARGÉE D'ÉMOTION À UN QUELCONQUE POINT DORÉ, TU ENVERRAS UN SIGNAL CLAIR ET FORT À TON PARTENAIRE.

Brio avait raison, Flam avait besoin de ralentir un peu le rythme. Il avait besoin de temps pour intégrer tous ces merveilleux détails de sa vision intérieure dans sa mémoire.

Le concept des points dorés était une bonne stratégie, mais celle-ci avait besoin d'être peaufinée un peu de manière à ce que les choix et les actions de Flam demeurent constamment alignés sur son objectif. Nous aurions tous quelque chose à apprendre du vieil hibou à cet égard. Lorsque nous cherchons à atteindre un certain but, nous devrions garder continuellement notre attention fixée sur la manière dont évoluent les choses, sur notre performance. Pour Flam, chaque fois qu'il apercevait un point doré, il se mettait à ressentir et à goûter vraiment la joie de se trouver dans l'Oasis. Le plus important, par ailleurs, était qu'il lui fallait exprimer une certaine gratitude au sujet de sa vision intérieure, envers son partenaire d'abord, et envers lui-même aussi, à cause de son dur labeur.

Oui, Brio avait raison. Flam avait besoin de comprendre le danger qu'il y avait à laisser son objectif flotter à l'aveuglette, comme une plume ballottée par le vent. Après tout, combien de ces plumes finissent par trouver réellement le chemin de l'Oasis ?

Il s'assit par terre, feuille et brindille en mains, et se mit à noter les choses qu'il avait apprises.

Points à retenir pour Flam au sujet de lui-même

LEÇON 3

GARDER UNE ATTENTION CONTINUELLE SUR MA PERFORMANCE.

- Faire l'expérience d'un objectif comme si la chose était bien réelle, ici et maintenant.

- Faire preuve de reconnaissance, montrer ma gratitude sans cesse.

PLAN D'ACTION N^{O} 3 : Utiliser les points dorés comme pense-bêtes. Les points dorés sont des éléments déclencheurs qui rappellent certains objectifs chargés d'émotion. Mon point doré personnel doit se confondre avec celui du reste de l'équipe.

RÉSUMÉ

1. Clarifier ma vision.
ACTION : Trouver l'émotion qui alimente ma vision. Motiver mon équipe par le biais des émotions.

2. M'engager à cultiver des pensées positives fondamentales.
ACTION : Maintenir le cap. Le changement est graduel.

3. Garder une attention soutenue sur la qualité de ma performance.
ACTION : Utiliser des points dorés comme pense-bêtes.

Chapitre 9

Faire table rase des habitudes funestes

Il ne se passa pas beaucoup de temps, après le départ de Brio, pour qu'Elgo ne se remette à marcher d'un pas lourd, en revenant à son bon vieux sentier habituel. Flam scrutait le ciel dans l'espoir d'apercevoir au loin la silhouette du vieil hibou, mais en vain. Brio avait bel et bien disparu, et l'aventure avec l'éléphant continuait.

Flam porta son regard vers l'avant en se demandant où l'Oasis pouvait bien se trouver. Il pivota ensuite à droite, regardant vers le lieu où le soleil se levait chaque matin. Il se dit que c'était bizarre que le soleil se lève ainsi, toujours sur la gauche du sentier de l'éléphant. C'est alors qu'une pensée saugrenue jaillit dans son esprit.

Et si l'éléphant s'engageait dans un sentier tout différent ? Qu'arriverait-il si le soleil se levait plutôt du côté droit de l'éléphant? Qu'arriverait-il s'ils s'engageaient dans la direction empruntée par le hibou? Comme le dit l'adage: *La folie se définit par le fait de suivre le même parcours inéluctable et de s'attendre à des résultats différents.*

« STOP ! » cria Flam, inspiré par un sentiment d'urgence. « STOP, STOP, STOP ! » Flam sautillait sur le dessus de la tête de l'éléphant comme s'il était en proie à une véritable panique. Il courait en faisant de larges boucles et il tirait sans arrêt sur ses antennes. Une occasion de changer de direction venait de se présenter et il se disait qu'il leur fallait la saisir sans tarder. Mais pour cela, ils devaient d'abord se mettre d'accord et accepter tous deux de tenter quelque chose de nouveau. Ils devaient se montrer disposés à prendre une toute nouvelle direction.

Après une certaine hésitation, Elgo s'arrêta.

« Je t'en prie, Elgo, fais demi-tour », le supplia Flam.

L'éléphant amorça un mouvement de virage, puis il s'arrêta de nouveau.

« Allez, Elgo, tourne-toi. Tu peux y arriver mon vieux ! » insista Flam.

C'est exactement ce que fit l'éléphant. Il imprima à son énorme corps une rotation de 360 degrés et il se retrouva exactement dans sa position initiale[1].

« Holà ! arrête, stop ! » cria Flam. « Recommence ! Regarde dans la direction opposée, Elgo. Regarde dans l'autre direction, *ça y est, ne bougeons plus !* »

L'éléphant fit ce qu'on lui avait demandé. Au cours du processus de virage, Flam aperçut un point doré et cela lui donna une idée. Dès le moment où l'éléphant s'orienta en direction nord sur la piste, la fourmi commença à visualiser la contrée de l'Oasis de manière très détaillée. Il fit un avec son éléphant en imaginant cet environnement à la végétation luxuriante. Il humait la délicieuse odeur de la nature et entendait le murmure du ruisseau et les signes de la présence des autres animaux. Il voyait l'éléphant en train de se baigner dans les eaux limpides de l'Oasis.

Soudain, il ressentit un *vrombissement d'éléphant,* et Flam trouva le moment judicieux pour inviter l'éléphant à marcher résolument vers le nord. À sa grande surprise, l'éléphant obtempéra et il se mit à foncer en direction nord. Flam vit même que l'éléphant semblait maintenant marcher la tête haute. Il jeta un regard en arrière et vit la queue de l'animal se dandinant de droite à gauche.

« Eh bien ! s'exclama Flam. Ceci confirme la présence de mouches, ou bien qu'un certain éléphant exulte de bonheur ! » Comme il se sentait optimiste, il conclut qu'il s'agissait sans contredit de la deuxième option.

Pendant qu'ils avançaient sur la piste, il arrivait qu'Elgo ralentisse son pas à l'occasion, comme s'il hésitait ou qu'il essayait de faire demi-tour. Mais Flam fit preuve de patience et

---

1. Comme NASCAR, mais plus lentement.

aida l'éléphant à demeurer sur la bonne voie. Bientôt, il sembla que le pachyderme avait enfin compris la consigne et qu'il continuait sur son chemin sans avoir besoin d'aucune aide. Flam commençait à relaxer vraiment. *Je pourrais facilement m'habituer à ce genre de vie,* pensait-il, en s'étirant. Flam se sentait comme s'il n'avait qu'à profiter simplement de la course.

En fait, il en fut ainsi jusqu'à ce que l'inévitable ne se produise. Sans crier gare, Flam et Elgo se retrouvèrent face à face avec deux autres éléphants.

Flam réagit immédiatement avec une certaine inquiétude. Il reconnut le premier éléphant, du nom de Nega, une créature à l'apparence austère, dont les replis profonds autour de la bouche lui donnait un air renfrogné. Le second était nul autre que Holic, le vieil éléphant le plus misérable.

« Viens derrière nous, pleurnichaient-ils à l'unisson. Tu avances dans la mauvaise direction. Réfléchis bien, l'ami. Nous arrivons tout juste de là-bas et il n'y a rien du tout. Pas d'Oasis, absolument rien. Crois-tu vraiment que tu vas trouver là quoi que ce soit ? Viens plutôt avec nous. Nous nous appelons Nega et Holic, et nous aimons bien avoir de la compagnie. »

Elgo se mit instantanément à frotter son côté contre ceux de Nega et de Holic. Ces deux congénères se montraient si amicaux avec lui qu'Elgo était tenté de rebrousser chemin et de les suivre.

Flam fut d'abord surpris par une telle attitude et son état de choc se transforma rapidement en irritation devant la chose, puis il se mit carrément en colère.

« Attends une seconde, Elgo, se mit-il à crier. Ces deux-là ne sont pas du tout en train de nous aider à prendre le sentier le moins fréquenté ! Penses-y un instant, Elgo. Pourquoi *aiment-ils* autant avoir de la compagnie ? Pourquoi donc, Elgo, hein ! dis-le-moi ! » Elgo continuait son petit bonhomme de chemin tandis que Flam continuait à râler. « Ils *aiment la compagnie* des autres parce qu'ils se sentent absolument *misérables,* voilà la raison ! »

Les paroles de Flam ne réussirent qu'à ralentir un peu le gros animal. Avant longtemps, la fourmi et l'éléphant se retrouvèrent

au point même où Elgo avait fait demi-tour précédemment. Le jour commençait à tomber, c'est pourquoi le groupe s'immobilisa pour la nuit. Elgo se préparait à dormir; la journée avait été longue et exténuante pour l'éléphant.

Flam était, pour sa part, littéralement torturé par l'angoisse. Il n'arrivait pas à fermer l'œil. Il tournait sans cesse sur lui-même sans pouvoir trouver de position confortable. Et il réfléchissait au fait qu'il était si typique des éléphants tels que Nega et Holic d'arriver dans le décor, tout à coup, et d'entraîner ainsi les autres à leur perte. *Qu'est-ce qui se passe au juste avec ces créatures ? Pourquoi ont-elles tendance à freiner autant l'ardeur des autres ?* Des pensées négatives s'agitaient en foule dans la petite tête de la fourmi. Flam se tournait d'un côté puis de l'autre en se demandant bien pourquoi il était si difficile de persuader Elgo de s'engager dans une nouvelle direction. Après tout, raisonnait-il, cette nouvelle direction allait peut-être les conduire à l'Oasis ! La fourmi s'imaginait devenue vieille sur le dos d'un éléphant épuisé et sénile. Sans colonie, sans amis, sans famille. Flam voyait ses craintes se multiplier, puis devenir trois fois plus nombreuses, jusqu'à ce qu'un sommeil léger emporte le fil de ses pensées.

❋ ❋ ❋

Flam était en train de gravir un escalier sans fin qui montait jusque très haut dans les nuages, sous un ciel gris, couleur de cendre. Mais, malgré la distance parcourue, il semblait ne faire aucun progrès dans l'escalier. À certains moments, il faisait une pause, entre deux marches, pour jeter un coup d'œil derrière lui, mais quel que soit l'effort déployé, il ne se trouvait jamais plus loin qu'à la moitié de l'escalier, chaque fois. Il n'y comprenait que dalle. Finalement, il prit la décision de faire demi-tour et se mit à redescendre. Cette fois, il semblait qu'il n'arrivait jamais à s'approcher du sol de la vallée. C'était là le sentiment de futilité le plus profond que la fourmi ait jamais ressenti. Flam se mit alors à crier : « NON ! NON ! NON ! »

« Il serait sans doute plus judicieux pour toi de dire plutôt : « Non, merci », lui suggéra une voix devenue familière.

Flam ouvrit aussitôt les yeux et s'aperçut qu'il était toujours dans son lit. Le soleil se levait derrière la silhouette plutôt imposante de Brio, et l'éclat de la lumière semblait dessiner autour du sage oiseau une sorte d'auréole dorée.

« Bon matin, Flam », claironna Brio de sa voix tonitruante.

« Que venez-vous de me dire exactement ? » lui demanda Flam un peu sonné.

« Bon mat… »

« Non, interrompit la fourmi. Excusez-moi, pas cela. Lorsque j'étais encore dans mon sommeil, que m'avez-vous dit précisément ? »

« Oh, j'ai simplement suggéré que ce serait sans doute plus judicieux pour toi de dire plutôt : *Non, merci.* »

Flam jeta un coup d'œil en direction de la silhouette du hibou, puis il se recoucha en fermant les yeux de nouveau.

« Brio, je ne me sens pas très en forme en ce moment. Je n'ai réussi à fermer l'œil que durant une dizaine de minutes au total, la nuit dernière, et, hier, j'ai expérimenté la gamme complète des émotions, je vous assure. Cette histoire d'amener mon éléphant à se montrer coopératif est aussi vaine que d'essayer de persuader une hyène de cesser de jacasser ! »

« Hou, hou, houuuu, dit le hibou sur un ton de réprimande. La chose n'est pas impossible, je t'assure. » L'oiseau observa une pause pour mieux examiner son élève. « Flam, lorsque ton esprit est accablé par des pensées négatives, comment réagis-tu ? » lui demanda Brio.

Flam se mit en position assise dans son petit lit. « C'est justement ce sur quoi je voulais vous interroger, monsieur. Je n'ai pas cessé d'avoir ce rêve à demi éveillé que j'étais en train de gravir un long escalier sans fin, et lorsque j'ai voulu rebrousser chemin et redescendre, ça ne semblait jamais s'arrêter et je n'arrivais pas non plus à atteindre le bas de l'escalier. Je me sentais coincé ! Je savais qu'il ne s'agissait là que d'un rêve, mais j'étais complètement incapable d'en sortir et impuissant à y changer quoi que ce soit. » Flam s'écroula de nouveau. « Je me sens *totalement vidé* ! »

« Flam, dit calmement Brio, respire à fond et détends-toi. Il est important de bien contrôler ta respiration lorsque tu sens ton niveau de tension augmenter de la sorte.

RESPIRER À FOND EST LA CHOSE À FAIRE LORSQUE TU SENS TON NIVEAU DE TENSION AUGMENTER.

Flam fit ce que Brio lui avait suggéré. Il se calma en contrôlant sa respiration, puis il attendit que le hibou continue.

« Comment as-tu réagi lorsque tu n'arrivais pas à changer de direction dans l'escalier ? As-tu abandonné la partie ? »

« Non, je n'ai pas baissé les bras, mais le mauvais rêve a continué jusqu'à ce que je me réveille. En réalité, c'est jusqu'à ce que vous me réveilliez... Mais maintenant que j'y pense, il y a des fois où les pensées négatives me semblent être comme un escalier sans fin. Parfois, j'ai l'impression que je n'arriverai jamais à m'en sortir. »

« Ah bon ! dit Brio, que fais-tu dans ces occasions ? »

« J'essaie de penser à autre chose. »

« Est-ce que ça fonctionne ? »

« Parfois, ça marche bien pour moi – mais mon collègue ci-dessous, dit Flam, en pointant vers le derrière de l'éléphant, est un petit peu plus têtu, si vous comprenez ce que je veux dire. »

« Je vois. Alors laisse-moi te donner la solution que je préconise étant donné tes sentiments croissants de frustration. L'idée est de trouver une manière de renverser le cours des émotions négatives qui t'habitent et qui embrouillent ton esprit, de même que celui d'Elgo, pour le distraire. »

« Formidable comme idée, monsieur Brio, mais ce n'est pas si simple, argumenta la fourmi. Durant un moment, j'arrive à me concentrer vraiment sur le *vrombissement d'éléphant,* et puis, tout à coup, je me mets à penser au fait que je n'arrive toujours pas à trouver le chemin vers l'Oasis. Chaque fois que cette pensée m'habite, je me mets alors à réfléchir au fait que les générations passées ont dû lutter pour trouver la route vers ce paradis. Je pense aussi à combien la vie est difficile et à l'évidence que les choses ne vont pas s'améliorer dans l'avenir. Avant longtemps, je sombre dans une déprime totale ; je me dégonfle en me demandant comment j'ai bien pu en arriver là.

« Je comprends, Flam », fit Brio, qui déjà avait conseillé de nombreux autres animaux et savait à quel point le défi de se forger de nouveaux modèles de pensée est ardu. « L'approche suivante pourra peut-être t'aider, et je crois bien que tu vas l'aimer. » Le hibou s'apprêtait à expliquer sa théorie, mais il se racla la gorge et fit une pause. « Euh... Flam ? tu auras peut-être besoin d'une feuille et d'une brindille à ta disposition pour cette prochaine leçon. »

« D'accord, répondit la fourmi avec enthousiasme, je les ai juste ici. »

« Alors, commença le hibou, une fois que Flam était fin prêt, dans ton rêve tu étais en train d'escalader les marches d'un escalier sans fin et rien ne semblait avoir de sens pour toi. Tu n'arrivais ni à rejoindre le sommet ni à redescendre jusqu'en bas. Une des choses que j'ai apprises au cours de mes nombreuses années à discuter de rêves avec quantité de créatures, est que l'escalier représente souvent un combat que nous menons en vue d'atteindre un niveau supérieur – un but quelconque tel que celui d'atteindre l'Oasis pour toi –, et les marches représentent les actions répétées ou les habitudes acquises dans la vie. » Le hibou dévisageait maintenant son élève. « Est-ce que tu me suis, Flam ? »

« Pas vraiment », répondit la fourmi en fronçant les sourcils.

« Permets que je poursuive. Dans ton rêve, tu ne cessais de monter et de descendre, mais tu sentais que tu ne faisais aucun progrès réel. Tu te sentais coincé dans une habitude, dans un modèle de comportement qui ne te menait absolument nulle part. »

« C'est exact ! »

« Voici comment je vois les choses, Flam. Une pensée négative en entraîne une autre, puis une autre encore, et ainsi de suite. Cette chaîne de répercussions négatives se transformera ainsi en mauvaise habitude.» Brio ajusta le ton de sa voix tonitruante pour qu'elle devienne un peu geignarde, grinçante et inquiète – semblable à celle de Flam, en réalité. «Tu vas peut-être te mettre à penser: *C'est vraiment trop difficile de trouver l'Oasis*. Une telle pensée va en engendrer une autre: *Cela a toujours été la réalité pour les générations qui nous ont précédés. Malédiction sur moi! Il n'y a vraiment rien que je puisse y faire.* Puis, il est possible que cette pensée te mène à celle-ci: *Nous, les fourmis, sommes destinées à mener une existence difficile ici-bas...* Cette façon de penser te portera finalement à conclure: *Je ne fais réellement pas le poids...* Et ainsi de suite.»

LA CHAÎNE DE NÉGATIVISME EST UNE MAUVAISE HABITUDE.

Brio laissa à Flam un peu de temps pour intégrer le contenu de ses paroles et s'imprégner de la voix qu'il avait empruntée pour le communiquer. Puis, il poursuivit ainsi: «Les pensées négatives érodent la confiance en soi, Flam, et si tu veux vraiment parvenir à réaliser tes objectifs, tu n'as pas les moyens de te complaire dans ce genre d'attitude malsaine. Pour pouvoir rétablir un niveau de confiance en tes capacités qui soit suffisant, il te faut remplacer les pensées négatives par des pensées positives.»

«*Wow!* monsieur Brio, je me sens comme si la leçon avait été faite sur mesure pour moi, aujourd'hui.»

«Tu n'es pas seul, Flam. C'est là une leçon dont plusieurs créatures pourraient avantageusement profiter, je crois. Si tu apprends à te servir d'une formule simple pour interrompre le cycle de tes pensées négatives, tu parviendras peut-être à te ressaisir à temps, avant que la spirale des pensées négatives ne t'entraîne inexorablement vers le bas. La chose va nécessiter un peu d'entraînement de ta part, il est certain. Au début, tu ne réussiras à contrer le cycle négatif qu'après y avoir été entraîné pendant un moment. Mais avec le temps, tu apprendras à te ressaisir avant que ces pensées négatives ne tirent le meilleur de toi.»

Le hibou fit une pause pour rassembler ses idées. « Bon, où en étais-je ?... Ah oui !... Flam, il y a une loi de la physique qui affirme : *Deux choses ne peuvent occuper le même espace en même temps.* Son corollaire est également vrai : Deux *pensées* ne peuvent occuper l'esprit de ton éléphant en même temps. »

Flam écrivait plus vite qu'il ne l'avait jamais fait auparavant – *Deux choses ne peuvent... même endroit, même temps...*

« Lorsque tu te trouves devant ce genre de situation, la meilleure approche est de te répéter ce qui suit : *Merci, mais ce genre de choses ne fait pas partie de ma vision personnelle. Ma vision à moi est de vivre à l'Oasis.* Puis, il te suffit de visualiser l'Oasis dans tous ses aspects fabuleux et sans oublier aucun de tes cinq sens. »

Flam répétait les mots à haute voix tandis qu'il les notait sur sa feuille : *Merci, mais ce genre de choses ne fait pas partie de ma vision personnelle. Ma vision à moi est de* ***vivre*** *à l'Oasis.* »

« Très bien. Tu auras comme défi, ces prochains jours, de mettre tout cela à l'essai lorsque tu sera assailli par des pensées négatives. Arrête-toi alors et dit à Elgo : *Merci, mais ce genre de choses ne fait pas partie de ma vision personnelle. Ma vision est de me trouver chez moi, à l'Oasis.* Vois, alors, si les choses changent. En faisant souvent appel à ce stratagème, tu parviendras à rediriger ton éléphant, en l'amenant ainsi à réfléchir positivement au lieu de négativement. Plus vite tu mettras un terme à de telles habitudes de pensée négative et moins elles auront d'emprise sur sa pensée. Avec le temps, tu verras même ce réflexe malsain disparaître complètement. Tu réussiras ainsi à modifier pour le mieux la structure générale de ta pensée. En apprenant à reconnaître ces habitudes négatives qui empoisonnent ton existence, tu parviendras à les contrecarrer de plus en plus rapidement. Avant longtemps, elles auront complètement disparu, et Elgo et toi caresserez des pensées positives.

EN APPRENANT À RECONNAÎTRE
CES HABITUDES NÉGATIVES,
TU PARVIENDRAS À LES CONTRECARRER
DE PLUS EN PLUS RAPIDEMENT.

Flam prit à cœur les explications de Brio en ce qui concerne les habitudes de pensée. Il se doutait bien qu'avant de pouvoir changer les mauvaises habitudes de pensée d'Elgo, il devait apprendre à reconnaître et à comprendre son propre comportement. Il avait besoin de renverser le cycle de ses mauvaises pensées à lui dès que celles-ci apparaissaient. Une fois qu'il aurait appris comment faire cela, il serait alors en mesure d'obtenir des résultats positifs de la part d'Elgo. Flam commençait à saisir également que son propre comportement en tant que leader devait affecter son éléphant dans des façons qu'il n'avait jamais imaginé jusqu'ici. Et en cultivant des pensées positives, il serait en mesure de donner une certaine direction à son éléphant, en lui servant de modèle.

Puis un jour, peu de temps après la leçon de Brio, Flam eut de la difficulté à retrouver l'endroit où il avait entreposé des graines dont il avait fait provision.

« Je n'arrive pas à y croire ! Je suis certain de les avoir enfouies juste ici, marmonna-t-il à lui-même, en ronchonnant. J'espère que ce gros paquet d'Elgo n'a pas réussi à les repérer avec sa trompe et à les avaler ! Comment vais-je être capable de retrouver le chemin de l'Oasis un jour si je n'arrive même pas à me rappeler où j'ai emmagasiné ma nourriture ? »

Après une heure et plus de recherche, il passa à une mélopée encore plus sombre : « Je n'arriverai jamais à atteindre l'Oasis. Tout cela est complètement inutile. Je ne suis qu'un pauvre imbécile ! Je n'arrive même pas à diriger Elgo convenablement. Fini de faire semblant ! Aussi bien abandonner la partie pendant qu'il en est temps… »

Puis, il s'arrêta tout net, là, sous le soleil de midi.

« Une seconde ! s'exclama-t-il à haute voix. Ça ne sert à rien de marmonner ainsi ! Ce genre de pensée négative ne m'aidera pas du tout à découvrir où se trouve l'Oasis. »

Flam ferma les yeux, fit une pause, et répéta d'une voix claire et déterminée : « Merci, mais ce genre de choses ne fait pas partie de ma vision personnelle. Ma vision – notre vision, en fait – est de jouir d'un endroit joli et confortable, mon merveilleux chez-moi, à l'Oasis. »

Flam se mit à rêver à la puissance de la vitalité dégagée par le spectacle de l'Oasis. En pensée, il se voyait en train de rigoler avec des tas de créatures, ses amis. Il se voyait en train de marcher çà et là au milieu d'une végétation luxuriante, puis s'arrêter pour admirer le miroir frissonnant d'un lac. Il regardait le soleil danser sur le tapis de la forêt, dans un ballet d'ombre et de lumière. Tandis que la vision de Flam se déployait devant ses yeux intérieurs, il percevait également une symphonie de sons mélodieux. Dans le terreau fertile de son cerveau, il arrivait à ressentir, à goûter, à toucher, à sentir et à voir tout cela.

Il pensait à l'ambiance agréable et joyeuse qui caractérisait l'Oasis et, résultant tout à coup de cette suite ininterrompue de pensées positives, il ressentit un long et merveilleux *vrombissement d'éléphant*. Son esprit maintenant devenu plus clair et positif, Flam finit bientôt par retrouver où il avait enfoui ses réserves de graines.

Flam répétait la formule magique que Brio lui avait apprise chaque fois qu'il s'apercevait qu'une pensée négative occupait son esprit pour le dominer. Avant longtemps, Flam remarqua qu'Elgo avait moins tendance à vadrouiller çà et là. Au plus profond de son petit être à l'ossature minuscule, Flam sentait qu'Elgo et lui se rapprochaient peu à peu.

Points à retenir pour Flam au sujet de lui-même

LEÇON 4

RAFFERMIR MA CONFIANCE EN MOI

- La frustration mène à des pensées négatives. Les pensées négatives alimentent notre tendance au négativisme. Ce négativisme peut devenir une habitude qui détruit la confiance en soi.

- Deux pensées ne peuvent occuper l'esprit en même temps. Remplacer le négativisme par des pensées positives qui fortifient la confiance en soi.

PLAN D'ACTION N^{O} 4 : Faire table rase des habitudes funestes. Une fois que j'aurai reconnu chez moi ou chez les membres de mon équipe que nous nous adonnons à certaines habitudes négatives, il me faut interrompre le processus en disant : « Merci, mais une telle chose ne fait pas partie de ma vision personnelle. Ma vision est de… » Faire l'expérience de cette vision dans ses moindres détails.

RÉSUMÉ

1. Clarifier ma vision.
ACTION : Trouver l'émotion qui alimente ma vision. Motiver mon équipe par le biais des émotions.

2. M'engager à cultiver des pensées positives fondamentales.
ACTION : Maintenir le cap. Le changement est graduel.

3. Garder une attention soutenue sur la qualité de ma performance.
ACTION : Utiliser des points dorés comme pense-bêtes.

4. Raffermir ma confiance en moi.
ACTION : Faire table rase des habitudes funestes.

Chapitre 10

S'attendre à l'imprévu

Quelques jours plus tard, tandis que le soleil amorçait sa descente au-dessus des plaines, à l'ouest de la savane, Brio prit son envol en vue d'un nouveau rendez-vous avec Flam. Du haut des airs, le vieil hibou contemplait l'enchevêtrement des nuances de couleur que l'ombre et la lumière orange foncé imprimaient sur le sol. Le coucher imminent du soleil était un rappel de plus qu'une journée venait de passer. Brio appréciait particulièrement ce moment, au point du jour; il lui rappelait combien la vie est pleine de possibilités saisies ou ratées. La venue du crépuscule soulevait chaque jour la même question dans son esprit : quels seraient les choix qui lui seraient offerts demain ? Et tandis qu'il observait Flam et Elgo à distance, le hibou se demandait justement quels seraient les choix que feraient ses deux amis après la prochaine leçon.

***

Une fois bien installé sur le dos d'Elgo, Brio marqua un temps d'arrêt, puis il examina attentivement Flam de la tête aux pattes. Comme la majorité des fourmis, Flam avait tendance à rechercher en priorité la gratification immédiate dans la vie. Et son mentor savait à l'avance que la prochaine stratégie n'en serait pas une qui serait facile à intégrer pour la fourmi. Après quelques minutes passées en mode contemplation, Brio commença la leçon.

« Ce que je vais t'expliquer aujourd'hui se révèle, à la vérité, la technique la plus efficace pour te permettre d'amener ton éléphant à changer de direction. Il s'agit d'un stratagème étonnant, qui va t'aider à développer et à fortifier ta confiance en toi et ta capacité à maîtriser n'importe quelle situation. Cette technique, Flam, a le potentiel à elle seule de transformer ta vie.

«Laissez-moi prendre ma feuille et ma brindille!» cria la fourmi.

«Attends une minute. Avant que je te parle de cette approche particulière, il y a un problème auquel j'aimerais te sensibiliser, confia Brio en faisant une pause. J'ai bien peur que tes chances de réussite dans ce défi soient extrêmement minces, à moins que tu ne sois engagé à cent pour cent à atteindre ultimement ton objectif.»

«Engagé à cent pour cent? Je le suis», dit Flam, en frappant sur sa petite poitrine avec l'un de ses petits pouces de fourmi.

«Je reconnais que tu es engagé, mais es-tu disposé à redéfinir le terme et à l'amener à un niveau de maturité et d'action qui dépasse tout ce que tu as connu jusqu'ici?»

«Eh bien! vu sous cet angle...», murmura la fourmi légèrement intimidée.

«Vois-tu, Flam, l'engagement est quelque chose d'actif. Sa valeur se mesure sur une échelle mobile. Il est ainsi possible pour quelqu'un d'atteindre un certain niveau d'engagement et de découvrir ensuite qu'il lui faut s'investir encore bien davantage. Le singe dont tu as parlé précédemment, par exemple, a pu démarrer sa société et comprendre par la suite que son engagement dans une telle entreprise exigeait plus qu'il ne l'avait estimé au début. Et il est également possible de découvrir, à mi-chemin de la réalisation d'un projet, que plus de colorant sera nécessaire pour que l'eau du seau devienne bleue. La vérité est que tu peux toujours creuser plus profond et constater qu'il te faudra augmenter d'un cran ton niveau d'engagement. T'engager à réaliser une tâche quelconque implique évidemment le fait de t'engager pleinement dans le processus de cet engagement. Ainsi, je veux que tu me promettes – non, biffe ce que je viens de dire – que tu te *promettes à toi-même* que lorsque tu croiras avoir fait tout ce que tu pouvais, eh bien! tu creuseras alors davantage dans le cœur de la noix de coco. Lorsque tu auras le sentiment d'avoir rempli tes engagements envers toi-même, *choisis de faire un pas de plus dans ton engagement.*

T'ENGAGER À RÉALISER UNE TÂCHE QUELCONQUE IMPLIQUE ÉVIDEMMENT LE FAIT DE T'ENGAGER PLEINEMENT DANS LE PROCESSUS DE CET ENGAGEMENT.

« Je me le promets ! répondit Flam, un peu pris de vertige tant il était inspiré. Je m'engage à suivre jusqu'au bout le processus de mon engagement ! »

« Tu dois accepter de faire tout ce que cela exige », dit Brio en penchant la tête jusqu'au cuir gris de l'éléphant, pour regarder la fourmi droit dans les yeux. « Lorsqu'il s'agit de réaliser un rêve, le fait de s'engager jusqu'au bout est d'une extrême importance. »

« Je le ferai, promis ! »

« Bien ! » dit Brio, satisfait que Flam comprenne l'importance de persévérer jusqu'au bout. « Flam, lorsque nous avons discuté des défis liés à ton objectif d'atteindre l'Oasis, la plupart des plans d'action demandaient de visualiser quelle serait la vie dont tu rêves là-bas. Maintenant, je veux te parler d'une technique bien différente.

« Mais, monsieur Brio, qu'arrivera-t-il si je travaille très fort pour maîtriser cette nouvelle technique, mais que je ne parviens pas à persuader Elgo de l'adopter ? »

« Flam, je crois que tu n'estimes pas à leur juste valeur et ton éléphant et tes propres capacités en tant que leader. Regarde combien de nouveaux outils tu as réussi à acquérir jusqu'ici. Ramasse tes notes et prenons un moment pour en faire une brève révision. »

Brio et Flam parcoururent ensemble chacune des leçons vues jusqu'ici.

- ***Voir ce qui te fait peur comme un ami plutôt qu'un maître. Tu ne sais pas ce que tu ne sais pas.***

« D'abord, tu as clarifié ta vision. Tu as découvert que la peur a le potentiel à la fois de paralyser ou de motiver quelqu'un. Tu as appris comment gérer ce qui te fait peur et l'utiliser à ton avantage. Tu as ouvert ton esprit à la possibilité que tu ne connaisses pas ce que tu ne connais pas. Tu ne savais pas que tu vivais sur le dos d'un éléphant, mais une fois que tu l'as su, tu l'as accepté et tu as choisi de relever les enjeux d'un tel défi. Tu as ensuite dû décider quel serait ton objectif et te préparer à prendre les mesures nécessaires en vue de parvenir à l'atteindre. »

- ***Te concentrer sur un objectif qui a une valeur profonde. Le voyage doit en valoir la peine.***

«Après avoir défini ton objectif – celui de vivre dans l'Oasis –, tu as cerné les raisons profondes qui rendaient cet objectif si important pour toi. Tu n'as pas cessé de te demander pourquoi tu voulais vivre dans l'Oasis, parce que tu as appris que le voyage devait avoir une réelle signification pour toi; autrement, il n'y aurait aucune raison valable pour investir autant d'efforts dans un tel projet. Sans une vision claire et un engagement total sur le plan émotionnel, tu ne serais pas parvenu à fournir le niveau d'engagement nécessaire en vue d'atteindre ton objectif. »

PLAN D'ACTION N^O 1: Découvrir le *vrombissement d'éléphant.* Découvrir l'émotion qui alimente la vision. Motiver mon équipe par le biais des émotions. *Ne jamais sous-estimer le pouvoir de l'émotion.*

«Flam, dans cette première leçon, tu as découvert combien tes émotions sont de puissants éléments motivateurs, autant pour toi que pour ton coéquipier, Elgo. Si tu parviens à maîtriser le pouvoir de tes émotions, le monde sera à toi. De plus, tu as appris que tu dois accorder autant d'importance à ce qui motive ton partenaire qu'à ce qui te motive, toi. Tu dois savoir utiliser les rêves et les désirs qui sont les tiens, en vue de l'inspirer. »

* * *

- ***T'engager à conserver une attitude qui engendre principalement des pensées positives dominantes. Modifier tes croyances, tes attitudes et tes convictions intérieures de manière à ce qu'elles soient cohérentes avec ta vision.***

Agir comme si tu avais déjà atteint l'objectif poursuivi, au lieu de simplement le désirer.

«Ensuite, tu as compris combien tes pensées et tes actions avaient de l'importance pour ton compagnon. Tu t'es engagé à cultiver prioritairement des pensées positives dominantes. Tu as saisi, également, qu'il te fallait conduire et diriger Elgo par le biais de croyances, d'attitudes et de convictions intérieures qui sont cohérentes avec ton objectif. Tu as découvert que *désirer* quelque chose et *avoir* cette même chose sont deux réalités totalement différentes. Pour être véritablement en mesure de diriger Elgo vers l'Oasis, il te faut imaginer que tu possèdes quelque chose. De cette manière, tu dirigeras Elgo en lui montrant l'exemple et tu lui apprendras à penser positivement. Avec le temps, ses croyances, ses attitudes et ses convictions intérieures finiront par refléter ces pensées positives.»

PLAN D'ACTION N^O^ 2 : Maintenir le cap. Le changement est graduel. Te rappeler les *gouttes déposées dans le seau* pour éviter d'être envahi par des sentiments de frustration. Apprendre à remettre à plus tard la gratification.

«Au cours de cette deuxième leçon, tu as compris que dans un monde comme le nôtre, où tu es constamment sollicité par les appels à la gratification immédiate, le véritable changement, celui qui s'opère en profondeur, ne s'obtient pas rapidement. Lorsque tu t'efforces de motiver Elgo à changer sa manière de voir, tu t'attaques à un comportement acquis au cours d'une vie entière. Sois patient; maintiens le cap; ne te laisse pas emporter par la frustration. Si tu demeures engagé à poursuivre ta vision, tu atteindras ton objectif avec le temps.»

- ***Envisager ton avenir avec gratitude, comme si la chose était devenue réalité, dès maintenant. Te montrer reconnaissant dans toute situation.***

«Flam, tu as toi-même trouvé et mis au point le concept des points dorés. Ce faisant, tu as compris que le fait de te plaindre sans cesse ne t'apportait pas grand-chose à la longue. Au lieu de continuer dans cette mauvaise attitude, tu as choisi de faire l'expérience de la gratitude et de l'offrir à autrui; tu sais maintenant que la gratitude est l'ingrédient magique qui donne à l'existence une saveur de plénitude. Maintenant, chaque fois que tu aperçois un point doré, cela te fait penser très fort à ton objectif, tu fais l'expérience de cet objectif comme si tu venais tout juste de l'atteindre, et tu te félicites de l'avoir atteint. Tu as également appris qu'en aidant Elgo tu t'aidais toi-même; c'est pourquoi il te faut également remercier Elgo pour le rôle qu'il a joué dans l'atteinte de cet objectif.»

PLAN D'ACTION N° 3: Utiliser les points dorés comme pense-bêtes. Les points dorés sont des éléments déclencheurs qui rappellent l'importance des objectifs chargés d'émotion. Ton point doré personnel doit s'aligner sur celui du reste de l'équipe.

«Rappelle-toi, Flam, que les points dorés sont un rappel de deux choses: la première est que tu vas graviter autour de ce qui constitue ta pensée dominante dans le présent; la seconde est que tu finiras par croire que cette pensée dominante est vraie. Ces points dorés garderont tes pensées dominantes alignées sur ton objectif et fixées sur lui. Si tu cultives de telles pensées assez longtemps, elles finiront par s'imposer à toi comme des vérités. Tu décriras, ce faisant, une réalité qui va finir par se concrétiser.»

☼ ☼ ☼

- ***Raffermir ta confiance en toi. La frustration mène à des pensées négatives. Les pensées négatives alimentent la tendance au négativisme. Ce négativisme peut devenir une habitude néfaste qui détruit la confiance en soi. Deux pensées ne peuvent occuper l'esprit en même temps. Remplacer le négativisme par des pensées positives qui augmentent le niveau de confiance en soi.***

«Au cours de notre dernière leçon, tu as compris comment les habitudes négatives érodent la confiance, et que, sans cette confiance en tes propres capacités, il te sera impossible de maintenir le cap et d'atteindre tes objectifs. Lorsque tu te surprends à ressasser des pensées négatives, rappelle-toi de cette loi immuable de la physique : *Deux choses ne peuvent occuper la même place en même temps.* Il te faut te débarrasser de ces pensées négatives pour laisser la place aux idées positives et les cultiver. Tu as maîtrisé une technique très efficace pour parvenir à cette fin. »

PLAN D'ACTION N° 4 : Faire table rase des habitudes funestes. Une fois que tu auras reconnu chez toi ou chez les membres de ton équipe que vous vous adonnez à certaines habitudes négatives, il te faut interrompre le processus au plus vite en disant : « Merci, mais une telle chose ne fait pas partie de ma vision personnelle. Ma vision est de... » Faire l'expérience de cette vision dans ses moindres détails.

« Flam, avec ce dernier plan d'action, tu as découvert une manière de rediriger tes pensées en leur donnant une orientation positive, ce qui bloque le processus en spirale des pensées négatives. Grâce à cette technique, tu ne seras plus jamais la victime du négativisme, mais tu augmenteras, au contraire, le niveau de ta confiance en toi et tu concentreras tes énergies sur la poursuite de tes rêves. L'avenir auquel tu aspires est une réalité qui n'a pas vu le jour encore ! »

☼ ☼ ☼

Flam parcourut sa liste. Il était estomaqué par le constat de tout ce qu'il avait appris du vieil hibou. « Nous avons couvert beaucoup de terrain, monsieur Brio. »

« Bien d'accord, mon cher ! » Le hibou tendit ses larges ailes impressionnantes, les battit à quelques reprises de haut en bas et secoua sa tête plumetée. « Et devine quoi, Flam ! »

« Quoi ? » répliqua la petite fourmi.

« Eh bien ! ton apprentissage est presque terminé ! »

☼ ☼ ☼

« Poursuivons avec un nouveau plan d'action. J'appelle ce dernier la *technique de la fiche*. Il te suffit d'utiliser une série de fiches en vue de te préparer à affronter des situations stressantes qui vont surgir au fur et à mesure que tu franchis les étapes te conduisant vers ton objectif. Ce type de préparation te permettra de garder une parfaite **confiance en toi** et une réelle **maîtrise** de la situation, car comme tu le sais sans doute déjà, la *confiance vient avec l'expérience*. Une série de fiches te permettront ainsi de simuler différentes expériences et de bien te préparer à affronter n'importe quelle situation. Le fait de savoir que tu es en mesure de gérer n'importe quelle situation t'apportera avec le temps de grandes récompenses. Le bon côté de la chose est que tu t'éviteras ainsi certaines expériences pénibles d'apprentissage à la dure – c'est-à-dire par la méthode d'essais et d'erreurs. C'est pourquoi ton défi est d'imaginer au moins dix des pires scénarios possibles et d'en résumer les détails sur une fiche, une par scénario. »

Flam jeta un coup d'œil à ses notes. C'était là une technique qu'il pouvait vraiment mettre en pratique. « Donnez-moi un exemple », dit-il avec une attention soutenue.

« Imagine des situations ou des circonstances qui, lorsqu'elles se produisent dans la vraie vie, seraient pour toi la source de beaucoup d'inquiétude. Par exemple, pense à ce qui s'est produit avec Nega et Holic. Quel était ton niveau de confiance lorsque tu as dû affronter cette situation difficile ? » demanda Brio.

« Mon niveau de confiance ? Il était à zéro ! répondit Flam. Mais comment aurais-je pu prédire un tel scénario ? »

« C'est là toute la question, petite fourmi ! L'idée ici est de résumer sur chacune de tes cartes un des nombreux scénarios qui *pourraient* se produire, de manière à te permettre de bien composer avec la situation imprévue lorsque celle-ci *se produit,* dit Brio. Si cette technique est un moyen qui t'assure une fondation solide de confiance, tu seras prêt à passer à l'action sans hésiter lorsque l'imprévu se produira. Le point à retenir est de visualiser quel serait ton *niveau de facilité* à composer avec une mauvaise situation. »

Brio se mit à marcher de long en large tandis qu'il continuait à enseigner. « À titre d'exemple, une de tes fiches pourrait contenir le résumé suivant : *Tandis que tu approches de l'Oasis, ton niveau d'excitation est extrêmement élevé. Puis, lorsque tu y jettes un premier coup d'œil au tournant du sentier, tu découvres que l'Oasis est devenu un désert et que plus personne n'y habite. De forts sentiments de frustration t'envahissent, de même qu'un profond désir de tout abandonner.*» Le hibou pivota la tête, puis regarda la fourmi fixement et l'interrogea illico: «Alors, Flam, comment réagis-tu?»

«Je ne sais pas trop! s'exclama la fourmi, se sentant un peu bousculée. Quelle serait la bonne chose à faire dans une telle situation?»

«Ah... oui.» Le hibou était rayonnant en voyant l'expression de surprise sur le visage de la fourmi. «C'est justement la beauté de cette technique. Le point n'est pas de trouver la solution sur mesure. Il s'agit plutôt de te mettre dans une situation imaginaire – quelle qu'elle soit – où tu dois tenter de résoudre un problème. Trouve la meilleure solution à tes yeux, puis fais-en l'expérience. Plus tu auras d'expérience, plus tu te sentiras confiant et capable. Rappelle-toi l'analogie du seau d'eau bleue. Chaque fois que tu parcours le contenu d'une fiche, c'est comme si tu ajoutais une goutte de colorant bleu dans ton seau. En soi, cette seule goutte ne fera pas une grande différence, mais à la longue – eh bien! à toi d'imaginer le résultat. Le fait de visualiser ainsi des centaines de scénarios dans lesquels tu fais face à des situations difficiles va te procurer un bagage de connaissances qui vont t'aider à atteindre éventuellement ton objectif.»

«Mais, ajouta Flam avec une certaine hésitation, je ne crois pas vraiment qu'imaginer une situation soit la même chose que de se heurter tout à coup à la réalité de l'expérience!»

«À la vérité, Flam, le fait de visualiser une expérience à l'avance peut être très efficace. Rappelle-toi une occasion où quelqu'un t'a dit quelque chose de désagréable ou de méchant. Peut-être ne savais-tu pas quoi répondre sur le coup de l'émotion, mais quelques secondes après t'être éloigné de cette personne, ne t'est-il pas arrivé de repasser l'incident dans ta tête et de trouver alors la répartie appropriée? Il y a de fortes chances que tu te sois rejoué cette scène désagréable à des dizaines de reprises et, chaque fois, tu es arrivé à trouver une réponse encore plus judicieuse.»

« En fait, dit Flam, un peu songeur, ce que vous dites est très à-propos dans mon cas. »

« N'est-ce pas ? dit Brio en souriant. Prenons un exemple. Qu'est-ce que ce corbeau déplaisant a répondu lorsque tu lui as demandé s'il acceptait de te conduire à l'Oasis ? »

« Ouais ! dit Flam en imitant la voix nasillarde du corbeau. *Et pourquoi donc, petite bestiole, ferais-je une chose pareille ?* Oh ! monsieur Brio, je me suis rejoué cette scène des dizaines de fois. Si je revois cet énergumène, je vais m'avancer jusque sous son nez et lui dire : *Hé ! sac à plumes. Daffy Duck a appelé. Il veut récupérer son costume.* »

« Combien de fois, au juste, as-tu eu cette conversation avec le corbeau, Flam ? »

« Une seule. »

« Mais combien de fois en as-tu refait l'*expérience* ? »

« Des dizaines, si ce n'est pas des centaines de fois », dit Flam.

« Alors, tu vois, la technique des fiches n'est pas différente de cet échange que tu as eu avec le corbeau. Mais dans ce cas précis, c'est un moyen positif et constructif de faire l'expérience de quelque chose de désagréable, de manière à raffermir ton niveau de confiance et de maîtrise personnels. »

« Monsieur Brio, c'est là une idée extraordinaire », dit Flam en affichant un large sourire.

« Fais-moi confiance, Flam, ce concept fonctionne vraiment. Alors, quelle est ta prochaine étape ? »

« Qui, moi ? Eh bien, je pense que c'est de rédiger le contenu de quelques fiches », répondit Flam.

« Quand, au juste ? » insista Brio.

« Dès aujourd'hui », répondit la fourmi.

« Combien de fiches seras-tu en mesure de rédiger, à ton avis ? »

« Euh… » Flam retournait la question dans sa tête. « Une dizaine ? »

« Parfait, ajouta Brio, tandis qu'il hérissait ses plumes avant de prendre son envol. Je dois m'en aller pour voir ce qu'il y a pour dîner. Je passerai te voir demain, au cours de la journée. Nous allons évaluer ensemble comment s'est déroulé cet exercice de rédaction de fiches. »

Points à retenir pour Flam au sujet de lui-même

LEÇON 5

APPRENDRE À RÉAGIR CORRECTEMENT À N'IMPORTE QUELLE SITUATION.

- Des circonstances inattendues se produiront inévitablement. M'attendre à l'imprévu. Déterminer d'avance quelle serait la réponse appropriée, pour moi-même comme pour mon équipe.

PLAN D'ACTION N° 5 : Utiliser un système de fiches. Élaborer une série de fiches décrivant en détail différentes situations stressantes. Réfléchir à l'avance à la manière appropriée de composer avec ces situations de stress, de sorte qu'elles soient plus faciles à gérer.

RÉSUMÉ

1. Clarifier ma vision.
ACTION : Trouver l'émotion qui alimente ma vision. Motiver mon équipe par le biais des émotions.

2. M'engager à cultiver des pensées positives.
ACTION : Maintenir le cap. Le changement est graduel.

3. Garder une attention soutenue à la qualité de ma performance.
ACTION : Utiliser des points dorés comme pense-bêtes.

4. Raffermir ma confiance en moi.
ACTION : Faire table rase des habitudes funestes.

5. Garder la maîtrise de soi dans toute situation de crise.
ACTION : Utiliser un système de fiches.

Chapitre 11

Des progrès extraordinaires

Plus tard, au cours de la journée du lendemain, Brio revint comme il l'avait promis. Le hibou se posa près de Flam, qui l'attendait avec impatience, un sourire de satisfaction imprimé sur le visage. « Eh bien ! tu as l'air satisfait de toi-même, mon petit ami, dit Brio. Raconte-moi. Est-ce que ce système de fiches a bien marché pour toi ? »

« Ah ! ouais ! est-ce qu'à peu près vingt et une fiches absolument sensass et remplies de trucs concrets pour affronter toutes sortes de situations de stress sont considérées comme un bon résultat ? répondit Flam en soulevant l'un de ses petits sourcils de fourmi. Voyons voir. Fiche n° 1 : Une souris saute de derrière un tronc d'arbre et terrifie Elgo. Quelle est la bonne manière de réagir qui démontre mon savoir-faire et mon sang-froid ? Fiche n° 2 : Un incendie éclate juste devant nous, et Elgo ne sait plus dans quelle direction aller... Comment devrais-je réagir pour gérer cette situation avec confiance ? Fiche n° 3 : Nous croisons Nega, Holic et leurs cousins, Miz, Ère, Mau, Vaisati et Tude. Elgo a désespérément envie de se joindre à eux. Comment faire pour tourner cette situation à notre avantage ? »

« Très impressionnant, répondit Brio. Tu as certainement ce qu'il faut. Rien ne me rends plus heureux que de te voir prendre ces mesures extraordinaires qui te permettront d'apprendre de nouvelles stratégies et de te forger de nouveaux outils. Tu vois, les fourmis se satisfont d'habitude de mesures ordinaires qui entraînent des résultats ordinaires. Mais des *mesures extraordinaires* vont produire assurément des *résultats hors de l'ordinaire*. »

DES MESURES EXTRAORDINAIRES VONT PRODUIRE DES RÉSULTATS HORS DE L'ORDINAIRE.

« Mais pourquoi la majorité des fourmis ne choisit-elle pas de prendre des mesures extraordinaires pour obtenir des résultats hors de l'ordinaire ? » demanda Flam. C'était là une question qui continuait à le hanter. Pourquoi n'avait-il pas pu apprendre cette technique lorsqu'il était encore à la colonie ? Si quelqu'un avait pu la lui enseigner, il aurait pu se révéler une meilleure fourmi et un leader plus influent pour son équipe.

« Bonne question. La réponse se résume en deux mots, dit Brio : *la peur.* »

« Je m'en doutais bien ! » interrompit Flam en hochant la tête.

« Nous pourrions également appeler la chose une peur d'éléphant. Lorsque tu reconnais la présence de la peur, il te faut te demander, en gardant la tête froide : *Devrais-je poursuivre mon action en vue d'atteindre mon objectif ou vais-je demeurer paralysé dans la peur ?* Il y a d'innombrables exemples à travers l'histoire illustrant comment ceux qui se montrent courageux obtiennent des récompenses qui échappent aux timides. La peur peut nous rendre prudents et nous apporter une certaine sécurité, mais elle peut aussi nous maintenir dans l'ignorance. Pense aux leçons les plus importantes que tu as apprises au cours de ta vie. Lorsque tu as acquis ces vérités importantes, était-ce dans un contexte confortable ou inconfortable ? »

Flam prit un moment pour réfléchir à la question. Il repensa au sentiment d'inconfort qui l'avait envahi lorsque la reine lui avait accordé une promotion. Il était si terrifié à l'idée de fournir un rendement médiocre que c'est exactement ce qu'il avait fait. Il comprit alors combien de leçons inestimables il avait apprises depuis qu'il avait été arraché à la colonie de ses pairs. C'étaient là des leçons qu'il n'aurait jamais pu assimiler s'il avait pu retrouver le chemin de la maison, comme il le désirait tant. Et les derniers mois avaient été parmi les moments les plus pénibles que la petite fourmi avait traversés jusqu'ici.

« Je vois bien comment la peur a gâché mes meilleures chances de me tirer d'affaire dans le passé, et s'il est vrai que l'inconfort et le fait d'apprendre d'importantes leçons vont souvent de pair, eh bien ! les derniers mois en sont un vibrant exemple. »

« Je n'en suis pas surpris, dit Brio. C'est pourquoi tu dois accepter le fait inéluctable d'avoir à composer avec un certain niveau d'inconfort tout le long de ton cheminement vers l'Oasis. »

« Ce que vous dites ne me paraît pas facile, dit Flam d'un ton morose. Ni très agréable. »

« Facile est le camarade de timide ! Flam, il est grand temps pour toi de mettre en pratique tout ce que tu as appris ces derniers temps. Ce que tu cherches est quelque part, là-bas, dit Brio, en balayant la savane d'un geste circulaire. C'est là où tu pourras vraiment appliquer tes nouvelles connaissances. Tu dois croire en toi-même autant que je crois en toi. Je sais que tu sauras prendre les mesures extraordinaires qui s'imposent en vue d'obtenir des résultats extraordinaires et merveilleux. »

Sur ces paroles, Brio déploya ses ailes et les battit à trois reprises. Profitant au maximum de la poussée d'air que lui offrait le large dos de l'éléphant, il semblait presque suspendu en état d'apesanteur, tandis qu'il flottait quelques moments dans l'air, à quelques mètres au-dessus de la tête de la fourmi. C'est alors qu'il prononça ces mots d'adieu :

« Dans la suite de ta vie, tu comprendras l'importance de vivre sans nourrir de regret au sujet de ce qui aurait pu advenir. Vas-tu regarder en arrière et te demander si tu aurais dû faire plus ? Vas-tu regarder en arrière et te demander si tu as donné tout ce que tu avais ? Si tu peux regarder le passé et n'entretenir aucun regret, tu sauras alors que tu as donné le meilleur de toi-même, et que ce meilleur peut te conduire bien au-delà de tout ce que tu as jamais cru possible. »

Brio imprima à ses puissantes ailes un mouvement qui paraissait si naturel. À chaque battement, il s'élevait toujours plus haut. Il prononça quatre derniers mots qui résonnèrent dans les oreilles de Flam pour des années à venir : « N'entretiens aucun regret ! »

Chapitre 12

Un nouveau commencement

Flam porta son regard là-haut, vers le ciel. Sa dernière leçon avec le sage hibou remontait maintenant à une semaine. Il continuait à se sentir désespérément seul, et souffrait de ne pas avoir encore retrouvé la compagnie de ses pairs, les fourmis, au milieu de la colonie. Mais maintenant, quelque chose avait changé. Il sentait la présence d'une force en réserve dans son petit corps, et cette réalité le remplissait de fierté et d'un sens d'accomplissement. De grandes choses se préparaient pour lui – et il sentait que leur réalisation était imminente.

Il savait qu'il ne verrait plus Brio, mais il ne l'oublierait jamais. Flam décida d'accorder une réelle valeur à tout ce que le sage hibou lui avait enseigné en peaufinant ses notes de manière à en faire une brève liste à consulter, chaque fois que cela était nécessaire, pour demeurer sur la bonne voie. Tandis qu'il était assis avec sa feuille et sa brindille, il comprit que les concepts enseignés par Brio se résumaient à une liste de cinq éléments, chacun illustré par un mot. *Cela va vraiment m'aider à les mémoriser,* se dit-il en lui-même.

LA LISTE DES CINQ MOTS DE FLAM

1. CLARTÉ DE VISION : Un objectif qui a une valeur profonde provoque un vrombissement émotionnel.

2. ENGAGEMENT : Je dois m'engager dans le processus des pensées positives dominantes.

3. PERSÉVÉRANCE : Je dois poursuivre des stratégies concrètes et particulières. (L'eau qui va prendre la couleur bleue.)

4. CONFIANCE : La meilleure manière de raffermir la confiance est de renverser les habitudes négatives.

5. MAÎTRISE : Tester les réponses appropriées devant des événements inattendus qui peuvent se produire.

LISTE DES PLANS D'ACTION

PLAN D'ACTION N° 1 : Découvrir le *vrombissement d'éléphant.* Découvrir l'émotion qui alimente la vision. Motiver mon équipe par le biais des émotions. Ne jamais sous-estimer le pouvoir des émotions.

PLAN D'ACTION N° 2 : Maintenir le cap. Le changement est graduel. Me rappeler les *gouttes déposées dans le seau* pour éviter d'être envahi par des sentiments de frustration. Apprendre à remettre à plus tard la gratification.

PLAN D'ACTION N° 3 : Utiliser les points dorés comme pense-bêtes. Les points dorés sont des éléments déclencheurs qui me rappellent les objectifs chargés d'émotion. Mon point doré personnel doit se confondre avec celui du reste de l'équipe.

PLAN D'ACTION N° 4 : Faire table rase des habitudes funestes. Une fois que tu auras reconnu chez toi ou chez les membres de ton équipe que vous vous adonnez à certaines habitudes négatives, il te faut interrompre le processus en disant : « Merci, mais une telle chose ne fait pas partie de ma vision personnelle. Ma vision est de... » Faire l'expérience de cette vision dans ses moindres détails.

PLAN D'ACTION N° 5 : Utiliser un système de fiches. Élaborer une série de fiches décrivant en détail différentes situations stressantes. Réfléchir à l'avance à la meilleure manière de composer avec ces situations de stress, de sorte qu'elles soient plus faciles à gérer.

Le simple fait de savoir qu'il avait fait un résumé de ces concepts et de ces plans d'action fit sourire la petite fourmi.

✵ ✵ ✵

Flam réfléchissait au contenu de sa liste chaque jour et, bientôt, sans qu'il s'en aperçoive, ces concepts et plans d'action firent peu à peu partie de sa vie au quotidien. Il savait qu'il obtiendrait des résultats positifs en changeant ses croyances, ses attitudes et ses convictions personnelles au sujet de ses chances d'atteindre un jour l'Oasis. Chaque jour, il s'imaginait en train de laisser tomber une goutte de colorant bleu dans le seau d'eau. Il sentait alors qu'il avait fait un petit pas presque imperceptible dans la direction de la réalisation de son objectif : atteindre finalement l'Oasis.

Flam décida également de mettre à l'essai un système de points dorés qui déclenche un *vrombissement d'éléphant*. Il décida que ces points dorés seraient avant tout liés au fait d'exprimer sa gratitude. Chaque fois qu'il apercevait un point doré, il adressait aussitôt à Elgo un merveilleux *merci* pour ses efforts continuels; il se félicitait également lui-même de persévérer dans la course. Flam finit plus tard par décider de se montrer reconnaissant pour tout ce qu'il avait reçu dans la vie.

Finalement, Flam décida de faire échec à ses pensées négatives, à ses inquiétudes et à ses peurs en se servant des plans d'action qu'il avait appris. Il rappela à son éléphant que toute forme de négativisme devait être remplacée par leur vision commune merveilleuse de la vie dans l'Oasis. Il enseigna à son éléphant comment faire face à des scénarios stressants en utilisant des fiches conçues pour soutenir la confiance et dissiper la peur. De plus, il se sentait prêt à supporter un certain inconfort en vue d'atteindre son objectif.

✵ ✵ ✵

Les premières semaines qui suivirent le départ de Brio furent difficiles pour Flam. Elgo représentait un tel défi, et le changement ne venait pas très facilement. Il y eut des moments où Flam se voyait retomber dans ses vieilles habitudes négatives. Des pensées sombres cherchaient alors à dominer son esprit et le négativisme semblait un terrain de jeu familier pour son compagnon également.

À certains moments, Flam examinait le sentier sur lequel ils se trouvaient et il découvrait qu'Elgo était en train d'avancer dans la mauvaise direction. On aurait dit que le pachyderme avait une préférence marquée pour la mauvaise direction; l'animal avait tendance à poursuivre son chemin dans la direction qu'il connaissait par cœur. Ce n'est que lorsque la fourmi s'interposait que les choses changeaient, mais souvent ce changement n'était que temporaire.

Sans que Flam s'en aperçoive, le sage hibou continuait à veiller sur la petite fourmi et sur son éléphant de là-haut dans le ciel. Brio connaissait les nombreux défis que Flam devait affronter tandis qu'il s'efforçait de mettre en pratique et d'assimiler les enseignements reçus au quotidien. Il est terriblement frustrant de travailler sur quelque chose qui ne procure pas de résultats immédiats, et le hibou savait qu'il y aurait des jours où Flam allait être complètement dépassé par ses sentiments d'irritation.

Toutefois, tandis que Brio épiait les déplacements d'Elgo et de Flam, de sa cachette au milieu des branches d'un arbre ou en les suivant à la trace sans que ceux-ci ne devinent sa présence, il pouvait constater leurs lents progrès. Comme il l'avait cru depuis le début, cette fourmi n'avait pas l'intention d'abandonner. Flam tirait parti de chacune des habiletés que Brio lui avait apprises et, ce qui est plus important, celles-ci lui permettaient d'apprendre des tas de choses tout au long du processus. C'étaient là des différences infimes – qui auraient sans doute passé inaperçues aux yeux de gens comme vous et moi – mais qui n'échappaient pas au regard scrutateur du hibou. Lentement mais sûrement, les habitudes négatives étaient remplacées par de meilleures. Brio pouvait constater la présence de nouveaux comportements merveilleux chez son éléphant.

Comprenez à quel point un tel état de fait est réellement formidable ! Elgo n'avait connu que des difficultés en grandissant. Des générations de pachydermes avant lui n'avaient eu d'autres choix que de lutter pour leur survie. Bien évidemment, Elgo n'avait pas opté pour une telle mentalité de son plein gré, car, comme la plupart d'entre nous, sa manière de penser lui avait été inculquée par son héritage familial et ce qu'il y avait appris. Quoi qu'il en soit, Elgo avait accepté il y a longtemps le fait que son existence soit une épreuve qu'il lui fallait subir, et il laissait cette idée diriger sa vie. Toutefois, Flam le guidait maintenant avec gentillesse et l'encourageait à s'élancer dans de nouvelles directions, en vue de goûter la plénitude.

Sans la présence de Flam, Elgo serait demeuré à jamais imperméable à tout changement. Et sans la puissance d'Elgo, Flam n'aurait jamais même pu imaginer pouvoir atteindre un jour l'Oasis. Ces deux créatures formaient un couple d'amis plutôt surprenant, mais la petite fourmi et l'énorme éléphant avaient vraiment besoin l'un de l'autre.

Brio était fier de ses disciples. Il jeta sur eux un dernier coup d'œil en sachant qu'il leur était possible de réussir tout ce qu'ils auraient envie d'entreprendre. Ensemble, ils continueraient à faire de réels progrès.

Les semaines passèrent, mais Flam n'abandonna jamais la partie. Ses points dorés lui rappelaient son objectif d'atteindre l'Oasis. Bientôt, il commença peu à peu à reconnaître qu'il s'approchait chaque jour davantage de ce qui avait toujours été son rêve dans la vie. Le paysage se mit à changer d'aspect graduellement, passant du marron des terres désertiques à la verdure tendre des platebandes. Ses points de repère habituels qu'étaient les buissons desséchés devinrent moins fréquents. À la place, le paysage offrait plutôt une végétation luxuriante où les arbres étaient entourés de bosquets de fleurs sauvages.

La meilleure partie était la manière dont Elgo se comportait. Le gros éléphant semblait marcher avec plus de légèreté et de liberté. On sentait une certaine connivence évidente entre la fourmi et l'éléphant, et Flam commença à comprendre qu'Elgo, lorsqu'on lui en laissait la chance, savait bien reconnaître la meilleure façon d'agir. Dès que se présentait une occasion quelconque, l'instinct de l'éléphant était en harmonie avec ce que les deux créatures désiraient vraiment. Vu cette connivence, c'était comme si le soleil brillait plus fort et que le chant des oiseaux se faisait encore plus mélodieux qu'avant. Même la brise venant de la plaine semblait plus rafraîchissante encore. Sans que Flam et Elgo aient pu s'en rendre compte, c'était comme si tout avait changé pour le mieux. *Hé !* se disait Flam, *je me sens comme si l'eau devenait de plus en plus bleue !*

Une nuit, le ciel paraissait plus clair que d'habitude et les étoiles scintillaient d'un rare éclat. Ses pattes de devant posées derrière la tête, Flam se coucha sur le dos et se mit à réfléchir tout haut au passé.

« Tu sais, Elgo, la vie est très étrange. Une minute, je travaillais d'arrache-patte pour être un bon leader – sans jamais parvenir à me montrer vraiment à la hauteur – et la minute d'après, je découvre que j'avais vécu tout ce temps sur le dos d'un éléphant, sans même le savoir. Voilà qu'ensuite je fais la connaissance de Brio, le sage hibou. Je n'arrive toujours pas à y croire. Je veux dire… c'est une *vraie célébrité,* ce bonhomme. Voilà que nous nous mettons à suivre Néga et Holic je ne sais où, et ce soir, nous arrivons à voir si loin à l'horizon, que tout me semble possible dorénavant. »

Flam, prit une longue bouffée d'air dans la fraîche brise de la nuit. Il retint son souffle le temps que les riches molécules d'oxygène circulent dans ses petites veines[1].

Peut-être ce moment de bonheur était-il temporaire, pensa Flam en souriant, mais un profond sentiment de plénitude jaillissait de

---

1. À ce point-ci de l'histoire, vous devriez avoir compris la futilité de poser certaines questions. Il est clair que les fourmis savent écrire et parler. Elles dansent aussi le twist, et bien sûr, elles ont des veines. Vraiment! De toutes petites veines minuscules.

son petit cœur en vibrant jusqu'aux extrémités de son être. Flam ne s'était jamais senti aussi vivant.

Il expira lentement et inspira profondément de nouveau. L'air pur et tranquille pénétrait chaque cellule de son corps. Tandis qu'il expirait une nouvelle fois, il jeta les yeux vers le ciel et prononça le mot : *Merci.*

Malgré l'heure tardive, la fourmi n'arrivait pas à fermer l'œil. Les arbres des alentours se tenaient comme des sentinelles dans la nuit, assurant leur protection aux habitants du coin. Un calme silencieux régnait sur la nature environnante, tandis que cette dernière reprenait des forces pour le jour à venir. Malgré tout, Flam et Elgo étaient incapables de dormir, sans que ni l'un ni l'autre ne sachent pourquoi ou ne s'en préoccupe. La nuit était parfaite pour une célébration silencieuse de la vie elle-même.

Flam laissa ses pensées vagabonder davantage. Il se rappelait le temps où sa famille était unie, avant l'époque où il avait dû « devenir adulte ». Il se rappelait l'innocence de ces jours passés en tant que jeune fourmi. Puis, il se rappela les luttes qu'il avait connues récemment, lorsqu'il se trouvait encore dans la colonie, et comment il avait trouvé pénible l'expérience d'être un leader. La tension lui avait paru si intense à ce moment, et maintenant elle lui semblait si lointaine. Il reconnut à quel point il avait évolué et grandi grâce à l'aide providentielle de son ami et mentor, monsieur Brio. Comme si c'était l'écho de son propre cœur, il entendit distinctement la voix familière de Brio lui murmurer doucement : « N'entretiens aucun regret ! » Si l'occasion lui était offerte de diriger ses congénères à nouveau, Flam savait qu'il serait maintenant en mesure d'avoir une influence salutaire sur leur vie.

C'est alors que, revenant à des pensées plus près de la réalité, il entendit un bruit quelconque qui attira son attention. Flam leva la tête et porta son regard à l'ouest, vers la zone ombragée, près d'une assez grande colline. Il écouta attentivement, mais le bruit disparut. Malgré tout, la chose avait piqué sa curiosité.

Après quelques moments d'hésitation, Flam dit : « En route, Elgo. Allons voir ce qui se passe là-bas. »

Bien que la nuit soit avancée, Elgo se leva pour se diriger vers l'ouest, hors de la piste principale, en direction de la colline. Tandis qu'ils avançaient tous deux dans l'ombre de la nuit, Flam savait qu'ils laissaient la piste familière loin derrière eux. Les étoiles étaient si brillantes qu'elles projetaient leur lumière éternelle – juste assez pour les guider jusqu'à la colline. Bientôt, la marche à travers cette contrée sauvage et inconnue commença à provoquer un certain malaise chez Elgo.

« Allons, Elgo. Voyons ce qu'il y a de l'autre côté de cette colline; nous pourrons décider ensuite ce que nous voulons faire après. »

Elgo continua à marcher et il gagnait en assurance à chacun de ses pas. La pente de la colline n'était pas vraiment raide, mais invitante et douce. Tandis qu'Elgo avançait en marchant, Flam jeta un coup d'œil derrière eux et commença à voir les choses en perspective. Plus ils montaient, plus il pouvait apercevoir le paysage environnant. Bien qu'il fît nuit et que tout fût sombre, une lueur venant du ciel révélait un large panorama s'étendant du nord au sud. La marche de Flam et d'Elgo jusqu'en haut de la colline leur permit de mesurer l'étendue impressionnante du voyage qu'ils avaient parcouru. Flam pouvait ainsi repérer avec précision la piste que l'éléphant et lui avaient empruntée durant

des années. Il pouvait également repérer le point précis où ils avaient refait demi-tour pour laisser Nega et Holic suivre leur voie et leurs vices.

Tandis que Flam s'efforçait de trouver d'autres repères, il sentit tout à coup un frisson des plus étonnants de la part d'Elgo. Il s'agissait d'un *vrombissement d'éléphant*.

Flam sauta immédiatement sur ses pattes et se mit à courir jusque sur le dessus de la tête d'Elgo, puis il s'arrêta tout net. Il ne pouvait en croire ses yeux.

Là, s'étendant sur quelques centaines d'acres, se trouvait une énorme forêt tropicale autour d'un lac tranquille. À la surface de l'eau, miroitaient les étoiles, dont l'éclat se projetait dans toutes les directions. C'était comme si la voûte constellée et le lac s'étaient concertés pour unir ciel et terre. Chaque recoin de l'étendue était tapissé de vert riche et foncé. Le sol de la forêt était entièrement couvert de fougères qui entouraient l'ensemble du bassin. À gauche, se trouvait une source naturelle dont le ruisseau coulait paresseusement vers le bas, de l'autre côté de la colline.

Flam se remémora l'époque où il croyait que le seul environnement auquel il était destiné était un paysage morne et gris, où la nourriture était rare et où il fallait lutter pour survivre. Il savait maintenant combien il valait la peine de regarder au-delà de son environnement immédiat pour voir ce qui procure des possibilités infinies de réalisation. Il imagina un bref instant tout ce qui se profilait devant lui et qui était prometteur de nombreuses aventures merveilleuses; mais il demeurait également estomaqué par le périple qui avait été le sien jusqu'ici, et par tout ce qu'il y avait vécu et traversé. Il avait appris comment diriger son éléphant. Les deux compagnons avaient fait du progrès ensemble, et le monde avait littéralement changé devant leurs yeux.

Flam voyait se déployer un spectacle qui lui coupait le souffle, et d'une manière qu'il n'avait jamais soupçonnée. Dans ses rêves, il avait imaginé arriver à l'Oasis en plein jour, alors que le soleil baignait tout de ses chauds rayons. Il avait vu aussi tous les animaux sauvages se rassembler avec enthousiasme autour du point d'eau. Et maintenant, au milieu de cette nuit paisible, voilà que son rêve se réalisait. C'était comme une brise fraîche apportant une bonne nouvelle venant de loin. Flam était émerveillé de la manière dont les rêves deviennent réalité, mais rarement de la façon que nous l'avions imaginé.

De l'endroit où Flam était perché sur la tête d'Elgo, il pouvait apercevoir les créatures étendues paisiblement au milieu de l'Oasis. Il voyait des zèbres et des girafes endormis entre les bosquets d'arbres, et des oiseaux qui avaient fait leur nid sur le dos d'éléphants qui ressemblaient énormément à Elgo.

« Regarde Elgo, murmura-t-il, ta famille… »

Au fond de lui-même, Flam savait que ce n'était qu'une question de temps avant qu'il ne retrouve ses pairs de la colonie. Et lorsque ceci se produirait, il essayerait alors d'être la meilleure fourmi possible. Il serait un leader que les autres ont envie de suivre, et il leur enseignerait tout ce qu'il avait appris au cours de son voyage extraordinaire. Il leur enseignerait comment devenir un leader pour soi-même.

La fourmi et l'éléphant avaient tous deux lutté depuis si longtemps; ils prirent de concert une profonde inspiration. La fourmi dit alors à son cher ami éléphant : « C'est l'Oasis… Nous avons réussi, Elgo. Nous sommes arrivés à destination, nous voici enfin à la maison. »

FIN

POSTFACE

Vous êtes-vous déjà demandé pourquoi vos meilleurs efforts entraînent parfois des résultats que vous n'aviez aucune intention réelle de provoquer ? Vous étonnez-vous parfois en voyant comment certaines habitudes funestes amènent les gens à devenir les agents de leur propre destruction ? Vous demandez-vous pourquoi il en est ainsi ? Un tel dilemme cause une certaine frustration chez la plupart des hommes et des femmes, et la chose m'a obsédé durant une grande partie de mon existence. Il m'est arrivé de demeurer dans des emplois que je n'aimais pas. J'ai noué des relations interpersonnelles qui ont eu un effet terriblement dévastateur sur mon estime personnelle. J'ai accepté de prendre part à certaines activités et cela a eu pour effet immédiat de me faire redouter le moment où elles allaient se dérouler. J'ai voulu faire de l'argent et je suis demeuré sans le sou. J'ai tenté de me créer une meilleure situation dans la vie, mais tout ce qui en a résulté se résume à davantage de frustration.

Tout cela a changé le 12 novembre 1992. Le Dr Lee Pulos a fait alors un exposé qui concernait les domaines de la psychologie et de la croissance personnelle. À un certain moment durant sa conférence, il a dévoilé une donnée statistique fondée sur une étude de recherche dont les conclusions sont étonnantes : il semble qu'à la naissance les humains possèdent environ 120 milliards de cellules gliales, des neurones actifs dans le cerveau. Avec le temps, par le biais d'un processus appelé élagage, les neurones inutilisés passent en mode dormant. Une fois devenus adultes, nous nous retrouvons avec environ dix milliards de neurones actifs à notre disposition et servant à l'activité à la fois consciente et inconsciente de notre cerveau.

Le Dr Pulos a révélé que pour fonctionner durant une seule seconde, la partie consciente du cerveau devait utiliser environ deux mille neurones. Durant cette même seconde, la partie inconsciente utilise, pour sa part, environ quatre milliards de neurones. Ceci mérite d'être répété : au cours d'*une seule seconde* notre subconscient utilise quatre milliards de neurones. Cela veut dire qu'à chaque seconde, il y a deux mille neurones qui sont à l'œuvre dans le domaine conscient et *quatre milliards* de neurones qui sont à l'œuvre au niveau de notre inconscient. C'est pourquoi il vous faut vous demander qui contrôle ? Est-ce votre pensée consciente ou plutôt votre inconscient ? Qui prend les décisions, la fourmi ou l'éléphant ?

De 1988 à 1992, j'ai utilisé des techniques d'entraînement mental en vue de me préparer pour les compétitions de ski des Jeux olympiques d'hiver. En novembre 1992, le Dr Lee Pulos a fait son exposé, révélant le potentiel extraordinaire enfermé dans notre subconscient. Puisant alors dans mes expériences d'entraînement pour les Jeux olympiques, et motivé par les points importants soulevés par le Dr Pulos au cours de sa conférence, je me suis engagé dans l'aventure de mieux cerner quel est le potentiel humain en vue d'en maximiser les résultats.

Cette démarche initiale a ensuite évolué vers le domaine des affaires. Par le biais des activités de ma société d'expert-conseil, *Be Invinceable Group,* je me suis fixé comme objectif d'atteindre un même niveau élevé de performance dans le domaine des enjeux commerciaux. Nous sommes à l'affût de moyens permettant aux gens d'affaires de stimuler leur esprit visionnaire et d'élaborer des stratégies en vue d'éclipser la compétition. Il est devenu évident pour nous que, pour atteindre de tels objectifs, nous avions besoin d'un ouvrage qui parle de niveau élevé de performance et d'alignement de priorités. Comment les leaders, les gestionnaires et les membres du personnel d'une société peuvent-ils atteindre leur plein potentiel ? *La fourmi et l'éléphant* est le résultat de notre processus de questionnement.

L'intention derrière le présent ouvrage est qu'il fasse une différence dans votre vie et dans les domaines qui vous concernent.

Il s'agit d'un petit livre facile à lire et qui se parcourt en un rien de temps. La raison en est simple. Dans un monde incertain comme le nôtre, le temps constitue pour chacun une denrée dont la rareté est cruciale; aussi, nous y adoptons le plus souvent une attitude caractérisée par le fait de réagir plutôt que d'user de stratégie. Bien que *La fourmi et l'éléphant* ait été rédigé dans le style allégorique pour distraire le lecteur, il présente également des éléments très utiles, efficaces et stratégiques auxquels faire appel dans votre vie. Ces principes vous aideront à atteindre des niveaux élevés de performance, autant sur les plans personnel que professionnel.

Une maxime de sagesse affirme que nous sommes les maîtres de notre propre destinée. Toutefois, une telle affirmation ne semble pas tenir compte du fait que l'esprit humain est bien davantage qu'un simple outil conscient. Tout ce qui se trouve au niveau de l'inconscient se voit généralement relégué au domaine du mystérieux. Les efforts concrets pour mieux comprendre cette réalité sont plutôt rares. Dans la présente histoire, la fourmi nommée Flam représente votre pensée consciente. L'éléphant représente le subconscient. Jusqu'à ce que la fourmi apprenne à diriger et à utiliser le potentiel de son subconscient, elle ne parviendra pas à atteindre son véritable objectif.

Je n'ai encore jamais rencontré une personne qui ne soit pas disposée à reconnaître qu'il y a chez elle certaines lacunes concernant les rapports entre « sa fourmi et son éléphant ». Et comme le présent ouvrage se trouve entre vos mains en ce moment, il est clair que vous êtes en quête de solutions nouvelles à des problèmes et des défis vieux comme le monde. Voyez-vous, cet ouvrage a d'abord été rédigé pour vous, pour les gens avec qui vous travaillez et pour les gens qui vous sont les plus chers dans votre vie. *La fourmi et l'éléphant* a été écrit pour aider les leaders à mieux se comprendre eux-mêmes et à mieux cerner l'ampleur des défis qu'ils doivent affronter. C'est un livre dont la lecture risque fort d'améliorer la performance et le rendement de toute société dont les membres sont prêts à adopter et à mettre en pratique les stratégies fondamentales qui y sont résumées. *La fourmi et l'éléphant* est conçu pour assurer la symbiose de votre fourmi et de votre éléphant.

Vous et moi sommes bien plus que ce que nos fourmis respectives ne conçoivent. En tenant compte de ces quatre milliards de neurones en attente dans votre subconscient, et dont vous n'êtes sûrement pas pleinement conscient de la présence, vous êtes assis actuellement sur un potentiel aux proportions éléphantesques. En puisant dans ce potentiel latent chez tout employé de votre société, vous jouirez d'une ressource dont la puissance correspond à celle d'un troupeau d'éléphants en train de foncer vers un objectif commun.

Chacun de nous est un leader qui a la responsabilité de saisir quel est cet objectif commun – celui d'atteindre notre *oasis* collectif, si l'on veut – et de l'intégrer à sa vie quotidienne. La puissance qui se trouve en chacun de nous, associée à la puissance de l'ensemble, est comparable à une fourmi qui dirige un puissant éléphant. Notre oasis de satisfaction et de plénitude sera notre récompense.

LA PUISSANCE QUI SE TROUVE EN CHACUN DE NOUS, ASSOCIÉE À LA PUISSANCE DE L'ENSEMBLE, EST COMPARABLE À UNE FOURMI QUI DIRIGE UN PUISSANT ÉLÉPHANT.

Utilisez le présent ouvrage comme guide. Servez-vous-en également comme outil pour diriger ceux qui gravitent autour de vous. Rappelez-vous les cinq « mots-motivateurs » qui vous aideront à atteindre un niveau élevé de performance et à maintenir une véritable cohésion parmi vos coéquipiers dans l'atteinte d'objectifs communs :

1. CLARIFIER VOTRE VISION :

Voyez la peur comme si elle était votre amie plutôt qu'un maître. Vous ne savez pas ce que vous ne savez pas. Vous devez garder l'esprit ouvert à de nouvelles possibilités qui ne vous ont pas semblé évidentes à première vue. Il vous faut vous concentrer sur des objectifs qui ont une valeur profonde. Le cheminement doit en valoir la peine.

• PLAN D'ACTION : Découvrir le *vrombissement d'éléphant*. Découvrir l'émotion qui alimente votre vision personnelle. Motiver votre équipe par le biais de l'émotion. Ne jamais sous-estimer le pouvoir des émotions.

2. VOUS ENGAGER À CULTIVER DES PENSÉES POSITIVES DOMINANTES :

Modifier vos croyances, attitudes et convictions personnelles de manière à ce qu'elles soient cohérentes avec votre vision. Imaginez que vous possédez déjà l'objectif poursuivi, au lieu de simplement le désirer.

• PLAN D'ACTION : Maintenir le cap. Le changement est graduel. Rappelez-vous les *gouttes déposées dans le seau* pour éviter d'être envahi par des sentiments de frustration. Apprenez à remettre la gratification à plus tard.

3. PERSÉVÉRER EN MAINTENANT LE CAP SUR LA PERFORMANCE :

Faites l'expérience d'un objectif comme si vous en goûtiez la réalité dès maintenant. Exprimez sans cesse votre gratitude.

• PLAN D'ACTION : Utiliser les points dorés comme pense-bêtes. Les points dorés sont des éléments déclencheurs qui rappellent l'importance d'objectifs chargés d'émotion. Votre point doré personnel doit se confondre avec celui du reste de l'équipe.

4. RAFFERMIR LA CONFIANCE :

La frustration mène à des pensées négatives. Les pensées négatives entraînent davantage de négativisme. Ce négativisme peut devenir un mode de vie qui érodera votre confiance en vous. Deux pensées ne peuvent occuper votre esprit en même temps. Remplacez donc les idées négatives par des pensées positives qui transpirent la confiance.

• PLAN D'ACTION : Faire table rase des habitudes funestes. Une fois que vous aurez reconnu chez vous ou chez les membres de votre équipe la tendance à vous adonner à certaines habitudes négatives, il vous faut interrompre le processus en disant : « Merci, mais une telle chose ne fait pas partie de ma vision personnelle. Ma vision est de... » Faire l'expérience de cette vision dans ses moindres détails.

5. GARDER LE CONTRÔLE DE VOTRE MANIÈRE DE RÉAGIR DANS TOUTE SITUATION DONNÉE :

Des événements inattendus vont se produire. Attendez-vous à l'imprévu. Prévoyez quelles pourraient être les réponses appropriées à de tels défis, autant de la part de votre équipe que de vous-même.

• PLAN D'ACTION : Utiliser un système de fiches. Élaborer une série de fiches décrivant en détail différentes situations stressantes. Réfléchir à l'avance à la meilleure manière de composer avec ces situations de stress, de sorte qu'elles soient plus faciles à gérer.

Si vous mettez toutes ces choses en pratique, Flam, Elgo et moi serons ravis de vous rencontrer à votre arrivée à l'Oasis !

Vince Poscente

REMERCIEMENTS

Écrire une fable ayant un contenu plus ou moins non fictif est l'un des défis les plus difficiles que j'aie dû relever. Bien que les hommes ne connaissent jamais la joie de mettre au monde un enfant, il me semble qu'une période de gestation d'un livre de deux ans est ce qui se rapproche le plus pour moi d'une telle expérience. Et cela n'a donc rien de surprenant que j'aie un certain nombre de sages-femmes à remercier.

À l'équipe de *Virtual R & D,* j'aimerais dire merci pour vos contributions à la création de la version originale anglaise de cet ouvrage. Une soixantaine de personnes ont pu ainsi me faire part de leurs réactions pour la première version. Certains ont simplement exprimé leur appui et d'autres ont passé plusieurs heures et offert d'excellentes suggestions concrètes qui ont amélioré sans contredit la qualité de ce livre. Pour leur contribution et leurs suggestions très utiles, j'aimerais exprimer ma reconnaissance toute spéciale à Yossi Ghinsberg, Jamie Clarke, Amanda Gore, Steve Cox, Steve Strauss, Cary Mullen, Christa Haberstock et Steven Poscente. Je tiens également à exprimer une profonde gratitude envers Gail Melvin, Patrick Walsh, Marjorie Snaith, Rand Stagen, Julie Grau, Dale Irvin, Shep Hyken, Cindy Rodella, Barb Bilyeu, Linda Swindling, Paul Frazer, Carol Apelt et Val Majeau. Je veux également dire merci à mon bon ami Dale Leicht – c'est merveilleux de pouvoir tester le matériel sur toi.

Merci également à Janice Phelps et Susan Hayes pour vos suggestions éditoriales. À David Cottrell et CornerStone Leadership Institute, merci de vous être montrés toujours ouverts et bien disposés et pour m'avoir offert votre encouragement continuel, vos précieux conseils de même qu'une aide constante.

Merci également à Nicole Hirsh de chez Greenleaf Book Group. Vous êtes un ange pour tout ce qui touche l'édition. Seule une personne très talentueuse aurait pu faire ce que vous avez fait. Le livre a subi un nombre incalculable de modifications. Nicole, un grand merci pour avoir réussi à polir le tout de manière à ce que ça brille. Aussi, un merci spécial à Meg La Borde. Vos talents d'éditeur de même que votre flair quant à la pertinence de cet ouvrage dans l'univers du livre ont rendu ma tâche de terminer le travail un réel plaisir.

Merci à vous tous de chez Greenleaf, qui avez mis la main à la pâte pour finaliser le tout concernant les dernières corrections, la mise en page et la conception de la jaquette de la version originale anglaise : Francine Smith, pour votre mise en page innovatrice, et Mark Dame, de Dame Creative, pour le talent investi dans la conception de la couverture. Merci aussi à Clint Greenleaf pour votre soutien. Je n'oublierai jamais votre remarque : « C'est de l'or, tout ça, bébé… *de l'or* ! »

Je veux remercier également les membres de mon équipe à *Be Invinceable Group*, dirigé par Brian Kennedy et Linda Perez, qui se sont assurés que j'avais temps et espace nécessaires pour compléter ce projet. Votre dévouement total, votre engagement continuel et votre professionnalisme m'inspirent. Notre équipe de consultants se saurait connaître la même réussite sans votre apport précieux et considérable. À toute l'équipe de Complete Marketing Incorporated, un grand merci pour votre expertise dans l'univers de la gestion des événements médiatiques. Karen Harris, Myinda Skopyk, Mary Reid et Kristina Mullen, vous rendez mon travail des plus agréables.

Un collier de remerciements va également à vous, mes clients, avec lesquels j'ai eu le privilège de travailler durant les dix dernières années. Au cours de cette période, j'ai eu l'occasion de consulter environ 750 sociétés ou associations, de discuter et de passer ainsi du temps avec plus de 600 000 personnes partout sur la planète; ce fut un honneur pour moi de vous servir.

En terminant, et plus important encore que tout le reste, j'aimerais exprimer ma profonde reconnaissance à ma famille : à ma femme, Michelle, ainsi qu'à mes enfants, Max, Alexia et Isabella. Vous devez supporter le désagrément de me partager avec quatre-vingts clients, chaque année. Le temps que nous passons ensemble, entre les périodes d'enseignement, de rédaction ou d'occasions d'affaires, est des plus précieux, et j'accorde la plus grande valeur à votre amour inconditionnel à mon égard.

SERVICES OFFERTS

Vous désirez mettre à profit les concepts de « La fourmi et l'éléphant » et les implanter au sein de votre organisation?

CE QUE NOUS FAISONS : Accompagner et conduire les performances de nos clients.

CE QUE NOUS VOUS APPORTONS : Aider chaque collaborateur tout en respectant ses savoir-faire et sa sensibilité, et ce, quel que soit son niveau hiérarchique. Contribuer efficacement à la réalisation de la vision de l'entreprise et de ses objectifs à court ou à long terme.

CE QUE NOUS VOUS GARANTISSONS : Accompagner, renforcer, former … les gestionnaires et leurs équipes, sans jamais se substituer à eux.

QUELQUES-UNS DE NOS PRODUITS ET SAVOIR-FAIRE :

- Projets de performances
- Consolidation d'équipe
- Leadership
- Conduite de changements
- « Coaching »
- Formations :
  - Aux gestionnaires qui motivent des équipes
  - Aux gestionnaires du secteur des ventes et du service à la clientèle
  - Aux responsables de la gestion de la qualité du service

Ces quelques produits représentent pour nos clients et nous-mêmes des moyens de servir des objectifs plus globaux d'amélioration des performances.

COMMENT COLLABORER ENSEMBLE?
Contactez-nous afin de nous faire connaître vos objectifs. Nous pourrons ainsi vous proposer nos modalités d'intervention.

VINCE POSCENTE, athlète olympique, conférencier reconnu (CPAE) et auteur de plusieurs ouvrages dont « La fourmi et l'éléphant », s'est entouré de professionnels reconnus afin de proposer des services visant à accompagner et améliorer les performances de ses clients.

CONTACT : businessimproper@beinvinceable.com
B.I.G., 2528 Elm Street #300, Dallas, Texas 75226 USA
Tél. : 214 752 7400 Téléc. : 214 752 7401

La performance d'une structure est le résultat d'une subtile alchimie entre différents paramètres :

- La puissance et la précision de la vision
- La cohérence de la stratégie et son application rigoureuse
- L'engagement et l'exécution des comportements gagnants et attendus
- L'équilibre des forces de l'entreprise et de la gestion des équipes
- La clarté des règles et le respect scrupuleux de celles-ci.

Des produits de développement personnel – guide de facilitation, guide du participant et présentation PowerPoint – sont en vente sur le site www.fourmietelephant.com.

Table des matières

Par souci pour l'environnement, le présent ouvrage
a été imprimé sur du papier recyclé Enviro.

047 / 000263
$19.95
FOURMI ET L'ELEPHANT,LA
Psychologie
Ouvrages generaux
001719822 9782923209043
Réc: 06/04/07